Reihe: Wirtschafts- und Sozialordnung   Band 7

FRANZ-BÖHM-KOLLEG – Vorträge und Essays
Herausgegeben von Bodo Gemper

Prof. Dr. Dr. Bodo Gemper (Hrsg.)

Das Europäische Einigungswerk

in der Bewährungskrise

Integrationserfolg durch Ordnungspolitik

Mit Beiträgen von

Günter Verheugen und

Jürgen Stark

Wirtschafts- und Sozialordnung:
FRANZ-BÖHM-KOLLEG - Vorträge und Essays

Herausgegeben von Prof. Dr. Dr. Bodo Gemper, Siegen

Band 1*
Bodo B. Gemper (Hrsg.) Reimut Jochimsen et al.:
Aktuelle Fragen der Geld- und Währungspolitik
Lohmar – Köln 1999 • 84 S. • DM 39,- • ab 01.01.02 € 20,- • ISBN 3-89012-665-0

Band 2*
Bodo B. Gemper (Hrsg.)
Was würde Ludwig Erhard heute tun?
Lohmar – Köln 1999 • 84 S. • DM 39,- • ab 01.01.02 € 20,- • ISBN 3-89012-666-9

Band 3*
Bodo B. Gemper (Hrsg.)
Hans Geisler et al.:
Die Verantwortung des Einzelnen für die Gesellschaft –
Die Verantwortung der Gesellschaft für den Einzelnen
Lohmar – Köln 1999 • 72 S. • DM 36,- • ab 01.01.02 € 19,- • ISBN 3-89012-711-8

Band 4*
Bodo B. Gemper (Hrsg.)
Paul Kirchhof et al.:
Wirtschaftsfreiheit und Steuerstaat
Lohmar – Köln 2001 • 92 S. • DM 44,- ab 01.01.02 € 23,- • ISBN 3-89012-870-X

Band 5*
Bodo B. Gemper (Hrsg.)
Helmut W. Jenkis et al.:
Gibt es einen Ideenzyklus? – Zum Wandel oder zur Zerstörung von Institutionen
Lohmar – Köln 2001 • 88 S. • DM 44,- ab 01.01.02 € 23,- • ISBN 3-89012-883-1

Band 6*
Bodo Gemper (Hrsg.)
Bernhard Vogel und Hans-Jürgen Papier et al.:
Verantwortung in Freiheit – Bildung, Recht und Wirtschaft in einer christlich-abendländisch geprägten Kultur
Lohmar – Köln 2008 • 70 S. • € 32,- (D) • ISBN 978-3-89936-651-8

Band 7
Bodo Gemper (Hrsg.)
Günter Verheugen und Jürgen Stark et al.:
Das Europäische Einigungswerk in der Bewährungskrise
Integrationserfolg durch Ordnungspolitik
Siegen 2010 • 102 S. • € 9,- (D) • ISBN 978-3-9813636-0-9

***

*JOSEF EUL VERLAG GmbH, Brandsberg 6, D-53797 Lohmar   info@eul-verlag.de

Reihe: Wirtschafts- und Sozialordnung • Band 7

FRANZ-BÖHM-KOLLEG – Vorträge und Essays
Herausgegeben von Bodo Gemper

Prof. Dr. Dr. Bodo Gemper (Hrsg.)

Das Europäische Einigungswerk

in der Bewährungskrise

Integrationserfolg durch Ordnungspolitik

Mit Beiträgen von

Günter Verheugen,
Vizepräsident der Europäischen Kommission

Jürgen Stark,
Mitglied des Direktoriums der Europäischen Zentralbank

ergänzt um Beiträge von

Steffen Mues,
Bürgermeister der Stadt Siegen
Dr. jur. Johann Peter Schäfer,
Kanzler der Universität Siegen
Prof. Dr. phil. Ursula Blanchebarbe,
Direktorin des Siegerlandmuseums
Dr. jur. Frank Hartmann,
Notar in Görlitz
Prof. Dr. rer. pol. DCom. Bodo Gemper

Bibliographische Informationen der Deutschen Bibliothek

Die deutsche Bibliothek verzeichnet diese Publikation in der Deutschen Nationalbibliothek; detaillierte bibliographische Daten sind im Indernet unter <http://dnb.ddb.de> abrufbar.

ISBN 978-3-9813636-0-9
1. Auflage September 2010

Schriftleitung:
Diplom-Wirtschaftsjurist Viktor Hillgert

Fotos:

Karl-Hermann Schlabach, Siegen

Werner Greiten, Zentrum für Informations- und Medientechnologie der Universität Siegen

Universität Siegen
UniPrint
■ ■ ■ ■ *grafik druck medien*

Copyright:	Bei den Verfassern
Vertrieb:	*Franz-Böhm-Kolleg*
	Luisenstr. 11
	D-57250 NETPHEN

Porträt Franz Böhm

1895 - 1977

Bodo Gemper, Frankfurt am Main, 1960

Die Europäische Union wird eine Stabilitätsgemeinschaft sein – oder nicht sein!

B. G.

Vorbemerkung des Herausgebers

Der Band 7 dieser Reihe ist der Dokumentation des elften und zwölften Franz-Böhm-Kollegs gewidmet. In deren Mittelpunkt steht das europäische Einigungswerk: seine Festigung als Europäische Union und die Stabilisierung seiner kostbaren Gemeinsamkeit: seiner Währung, des EURO (€). Hier repräsentiert durch die Ansprachen des Vizepräsidenten der Europäischen Kommission, Günter Verheugen, und des Mitglieds des Direktoriums der Europäischen Zentralbank, Jürgen Stark.

Der Stabilität der Währung, wie auch den Fortschritten des Europäischen Einigungswerkes habe ich stets eine fundamentale Bedeutung beigemessen, in des Wortes wahrstem Sinn, - Grundlage der Stabilität zu werden und zu bleiben.

Diese Währung, die Deutsche Mark, abzulösen und in der Gemeinschaftswährung Euro (€) „aufgehen" zu lassen, - dieses zu verstehen ist nicht nur mir sehr schwer gefallen.

Die Deutsche Mark, die eine solide Entwicklung hinter sich hatte „vom Besatzungskind zum Weltstar" (Hans Roeper) und sogar zur europäischen „Ankerwährung" avanciert war, wurde schließlich der Stabilitätskern der neuen einheitlichen Währung Europas, des Euro. Dieses war und ist ein fundamentaler Beitrag des seit 1990 vereinten Deutschlands zur Festigung der Bande zwischen den Staaten Europas im Interesse der politischen und wirtschaftlichen Stabilität, aber auch und gerade des Friedens in Europa. Mit der Überwindung des „Eisernen Vorhangs" ist die Europäische Gemeinschaft nun nicht mehr nur eine Stabilitätsgemeinschaft, sondern auch eine Friedensgemeinschaft.

Schon das erste Franz-Böhm-Kolleg am 6. Mai 1998 habe ich der Ordnung der Währung gewidmet: Anlass war das 50jährige Jubiläum westdeutscher Stabilitätspolitik und der Entscheidung der Teilnehmerstaaten der Europäischen Union (EU) zum Beginn der Europäischen Währungsunion.

Das Ergebnis ist im ersten Band dieser Reihe: Wirtschafts- und Sozialordnung, Franz-Böhm-Kolleg - Vorträge und Essays, über „Aktuelle Fragen der Geld- und Währungspolitik" mit dem Festvortrag des Präsidenten der Landeszentralbank in Nordrhein-Westfalen, Herrn Professor Dr. Dr. h.c. Reimut Jochimsen, dokumentiert.

Die Ansprache des Vizepräsidenten der Europäischen Kommission, von Herrn Günter Verheugen, liegt hier aktualisiert vor. Hatte er doch in Siegen im Juni 2008, unmittelbar nach dem missglückten Referendum in Irland, gesprochen:

„Es ist schade, dass der junge Mann an dem Schlagzeug hinter mir seine Schlägel mitgenommen hat, sonst könnte ich mal richtig auf die Pauke hauen. ... Das wollte ich schon immer gerne einmal, aber jetzt müssen Sie sich mit einem akademischen Festvortrag begnügen," leitete Günter Verheugen seine Ansprache ein. Sein seinerzeit im Auditorium Maximum uns vermittelter Optimismus hat sich als berechtigt erwiesen:

„Lassen Sie mich als letztes sagen, Sie merken, dass ich im Prinzip optimistisch bin, weil ich weiß, dass wir das schaffen können, wir haben die Kreativität und wir haben das enorme in Jahrhunderten erworbene Wissen und Können, das man nicht unterschätzen darf. So schloß Kommissar Verheugen im Ton eines Leaders seine Ansprache präzisierend:

Meine Damen und Herren, dass Europa in der heutigen Situation deutlich besser dasteht als bei früheren (europäischen, B.G.) Krisen, ist drei Dingen geschuldet:

- Der Tatsache, dass wir uns der Globalisierung nicht verweigert haben, sondern den globalen Wettbewerb akzeptieren und uns ihm stellen; zweitens
- der Tatsache, dass wir dank der europäischen Integration und dank des Binnenmarktes und dank des Euro eine makroökonomische Stabilität in Europa erreicht haben, die wir niemals zuvor gehabt haben. Und drittens,
- dass wir aus der Not eine Tugend gemacht haben und aus dem Mangel einer gemeinschaftlichen europäischen Wirtschaftspolitik eine partnerschaftliche Lösung gemacht haben, bei der die europäischen Institutionen und die Mitgliedsländer bei der notwendigen Strukturreform in dieselbe Richtung gehen.

Das ist der Prozess, den Sie als die Lissabonner Agenda kennen."

Die Siegener Zeitung hat dazu ausführlich berichtet, wie in den Pressereaktionen im vierten Kapitel nachzulesen ist.

Inzwischen haben nicht nur die Iren sich zu Europa bekannt, sondern auch diejenigen, die bis zuletzt glaubten, den Lissabonprozess eventuell sogar ganz beenden zu können. Die Namen derer verdienen es nicht, genannt zu werden.

Nach zielstrebigem Ringen bei der Ratifikation des Vertragswerkes ist der Vertrag von Lissabon seit dem 1. Dezember 2009 in Kraft.

Die Europäische Union ist - mit einer Rechtspersönlichkeit ausgestattet - seit diesem Tag auf einem neuen Weg. Jetzt auch als eigenverantwortlicher Akteur im internationalen Raume.

Aber im Inneren ist die EU, das sollten wir nicht übersehen, an mancher Stelle „faul". Was ist allein aus dem Signatarstaat Italien geworden? Wie bietet sich Griechenland uns dar? Auch Portugal und Spanien bieten sehr problematische Szenarien.

Die Vorträge, die in beiden Franz-Böhm-Kollegs im Zentrum stehen, sind erkennbar geleitet von der ordnungspolitischen Disziplin Walter Euckens. Und sie sind getragen von holistischem Denken, nämlich dem Prinzip, das besagt, „dass die Wirklichkeit von Grund auf holistisch ist", das heißt, „daß alle Daseinsformen, in denen dieses Prinzip zum Ausdruck kommt, danach streben, Ganze zu sein oder in mehr oder minder starkem Maße holistisch zu sein." [1]

---

[1] *Jan Christian Smuts*: Holism And Evolution, London 1927; Die holistische Welt, Berlin 1938

Die Europäische Kommission hat gerade wieder in ihrem Arbeitsdokument „über die künftige EU-Strategie bis 2020" [2], betont, dass „... wir entschieden auf den G20-Tagungen und auf anderen internationalen Foren auftreten (müssen), um im globalen Kontext jene Grundsätze zu fördern, die der nachhaltigen sozialen Marktwirtschaft zugrunde liegen." Denn die Kommission hat „die Herausforderung an Europa" erkannt, „eine intelligentere, ökologischere Wirtschaft zu entwickeln, (das) ein größeres Maß an Koordination verlangt, um die Wettbewerbsfähigkeit der Wirtschaft zu stärken" [3], ohne die dieses Ziel nicht erreicht werden kann.

Mein spezieller Dank gilt dem Kanzler der Universität Siegen, Herrn Dr. jur. Johann Peter Schäfer, der mit größter Umsicht und bedingungslosem Vertrauen mich am Werk sein lässt, wenn es darum geht, ein Franz-Böhm-Kolleg zu gestalten.

Herr Bürgermeister Steffen Mues beweist seine Verbundenheit mit unserer Universität auch durch die Einladungen an die Persönlichkeiten, deren Wirken im Mittelpunkt der Franz-Böhm-Kollegs steht, sich in das Goldene Buch der Stadt Siegen eintragen zu dürfen, wenn diese den Franz-Böhm-Kollegs die Ehre erweisen, einer jeweils zentralen Problemstellung eine prägende Note zu verleihen. Dafür danke ich Herrn Rechtsanwalt Mues sehr herzlich.

Herrn Dipl.-Ing. Werner Greiten vom Zentrum für Informations- und Medientechnologie (ZIMT) der Universität Siegen und seinen Mitarbeitern danke ich verbindlich für die regelmäßig ausnahmslos mit größter Sorgfalt vorbereite und medientechnisch streng ergebnisorientierte vorbildliche Betreuung der Franz-Böhm-Kollegs und deren Verlauf in Wort und Bild festzuhalten.

Herrn Musikdirektor Siegfried Fiedler sei Dank für sein Dirigat vor dem Jugendsymphonieorchester der Fritz-Busch-Musikschule der Stadt Siegen aus würdigem Anlass auf dem elften Franz-Böhm-Kolleg im Auditorium Maximum der Universität Siegen am 23. Juni 2008. Ein Beweis des Vertrauens und der Verbundenheit zu unserer Alma Mater Sigenensis.

Frau stud. phil. Inken Eckhardt bezeuge ich meinen verbindlichsten Dank für ihren künstlerischen Vortrag zur Harfe auf dem zwölften Franz-Böhm-Kolleg am 29. April 2009 im Leonhard-Gläser-Saal der Siegerlandhalle, der weit mehr war als eine würdige musikalische Begleitung. Frau Eckhardt hat eine eigenständige Leistung erbracht! Ihre umsichtige musikalische Mitwirkung wird als ein erinnerungswürdiges Ereignis in aller Erinnerung bleiben. Die Universität Siegen kann sehr stolz sein, sie als Studentin in ihren Reihen zu wissen.

Herr Diplom-Wirtschaftsjurist Viktor Hillgert hat sich wieder um die sorgfältige Gestaltung dieser Beiträge für die Druckfassung sehr verdient gemacht. Dafür bedanke ich mich bei Herrn Hillgert vielmals.

Netphen-Grissenbach, am 30. Januar 2010   Bodo Gemper

---

[2] Arbeitsdokument der Kommission, Konsultation über die künftige EU-Strategie bis 2020, Brüssel, vom 24. 11. 2009, S. 11
[3] A.a.O., S. 4

X Wirtschafts- und Sozialordnung – FRANZ-BÖHM-KOLLEG

Günter Verheugen: „... mal richtig auf die Pauke hauen."

Bodo Gemper

Franz Böhm und das „Franz-Böhm-Kolleg"

Die „*Franz-Böhm-Kollegs*" sind Ausdruck des Bemühens, in freimütigem Gedankenaustausch über Zeitfragen mit Zukunftswirkung nachzudenken und – ohne Betonung konfessioneller Bindung und/oder parteipolitischer Färbung – zu konstruktiv-kritischem gesellschaftlichem Engagement und intellektuellem Ansporn im Dienste unserer freiheitlich-demokratischen Grundordnung in Deutschland wie im sich vereinenden Europa der Regionen anzuregen.

Im Auditorium Maximum der Universität Siegen wie im Hause der Siegerländer Wirtschaft, oder im Technologiezentrum Siegen wie auch im medien- und kulturhaus lÿz, sowie im Leonhard-Gläsersaal der Siegerlandhalle, wurde in Siegen vor dem Hintergrund der Konzeption der „*Franz-Böhm-Kollegs*" die intendierte fruchtbare Symbiose zwischen Lehre und Forschung, zwischen Theorie und Praxis, zwischen Schule und Hochschule, zwischen Kunst und Kommerz sowie zwischen öffentlicher Verwaltung und bürgerschaftlichem Selbstverständnis sichtbar. Es sind Stätten gestalterischen Wirkens auf den Gebieten der Wissenschaft, der Unternehmensführung und der Wirtschaftspolitik, des Technologietransfers, wie auch der Medienwirksamkeit und der Kulturvermittlung in dieser Kultur- und Industrieregion.

Auf den „*Franz-Böhm-Kollegs*" begegnen sich interdisziplinär denkende, für kritische Anregungen und neue Ideen aufgeschlossene Persönlichkeiten, in dem Bestreben, das eigene Urteilsvermögen wie das der Besucher in gemeinsamem Gedankenaustausch zu stärken und dem Umgang mit Kritik wie auch der Weiterqualifizierung im weiteren Sinne ein autonom gestaltetes Forum zu bieten, aber auch besonders jungen Menschen den Zugang zum sozialen Dialog zu öffnen.

Franz Böhm (1895 bis 1977) personifiziert die Einheit des Denkens im gesellschaftlichen Ordnungsgefüge von demokratischem Rechtsstaat und Sozialer Marktwirtschaft. Dem Juristen *Franz Böhm*, ab dem Sommersemester 1936 mit der Wahrnehmung einer Lehrstuhlvertretung für Bürgerliches Recht, Handels- und Arbeitsrecht betraut, wurde auf Betreiben der Nationalsozialisten eine Ordentliche Professur an der Universität Jena verweigert.

Der Schwiegersohn der Dichterin *Ricarda Huch* hatte schwere Zeiten durchzustehen. Im Jahre 1938 entzog der Reichsminister für Erziehung, Wissenschaft und Volksbildung Herrn Dr. habil. *Böhm* die Lehrstuhlvertretung in Jena. 1940 wurde er endgültig aus dem Hochschuldienst entlassen, nachdem ihm 1939 auch die Ausübung einer Dozentur an der Universität Freiburg im Breisgau untersagt worden war.

Franz Böhm arbeitete aktiv in einer Gruppe antinationalsozialistischer Wirtschaftswissenschaftler aus ganz Deutschland mit, die - wie er selbst formulierte - „... die geistigen Vorarbeiten für eine demokratische Währungs-, Wirtschafts- und Sozialpolitik, ... das heißt für eine Politik (leistete), die den Sturz des Naziregimes zur Voraussetzung hatte und (wie auch bereits während des Zweiten Weltkrieges *Ludwig*

Erhard, Walter Eucken, Oswald von Nell-Breuning SJ, Erich Preiser auf anderen und sich zum Teil kreuzenden Wegen, B. G.) das Ziel verfolgte, in engem Zusammenwirken mit ... friedlichen Nationen, den sozialen Fortschritt und bessere Lebensbedingungen unter ständig wachsender Freiheit für alle zu fördern". *Böhm* ist Mitbegründer der *Freiburger Schule* der Nationalökonomie und des Ordo-Liberalismus.

Als ein Wegbereiter des Privatrechtsgedankens wirkte er nach dem Zweiten Weltkriege als Ordinarius für Bürgerliches Recht, Handels- und Wirtschaftsrecht an der Johann-Wolfgang-Goethe-Universität Frankfurt am Main. Am 23./24. Juni 1948 konstituierte sich unter seinem Vorsitz in Königstein im Taunus das erste unabhängige Gremium zur Beratung einer politischen Instanz, das in Deutschland nach 1945 institutionell einen festen Platz fand: Der „Wissenschaftliche Beirat bei der Verwaltung des Vereinigten Wirtschaftsgebietes", seit Gründung der Bundesrepublik Deutschland als „Wissenschaftlicher Beirat beim Bundesministerium für Wirtschaft" bekannt. Neben Professor *Böhm* hatten sich 16 weitere Wissenschaftler wie *Walter Eucken, Adolf Lampe,* Alfred Müller-Armack, *Oswald von Nell-Breuning, Erich Preiser* sowie *Karl Schiller* zusammengefunden mit dem Ziele, die geistigen Kräfte zu konzentrieren, um dem Wiederaufbau der deutschen Wirtschaft Konzeption und Schwung zu verleihen.

Besondere Anerkennung seines rechtswissenschaftlichen und ordnungspolitischen Wirkens schlug sich in juristischen Ehrendoktoraten der New School for Social Research in New York, N. Y., der Universitäten Frankfurt am Main sowie Gießen nieder.

Als aufrichtiger Mitstreiter *Ludwig Erhard*s für eine freiheitliche Wirtschaftsordnung ist *Franz Böhm* einer der geistigen Väter der *Sozialen Marktwirtschaft.*

Inhaltsverzeichnis

Kapitel 1 1

Prof. Dr. rer. pol. Dr. Com. Bodo Gemper
Vorbemerkung zum elften Franz-Böhm-Kolleg 1

Prof. Dr. rer. pol. Dr. Com. Bodo Gemper
Auf ein Wort: Auf dem Wege zum Europabewusstsein 5

Steffen Mues
Bürgermeister der Stadt Siegen
Grußwort der Stadt Siegen zum Eintrag von Herrn Professor Günter Verheugen
in das Goldene Buch der Stadt Siegen 13

Günter Verheugen
Vizepräsident der europäischen Kommission,
Kommissar für Unternehmen und Industrie
Europas Weg an die Spitze 17

Kapitel 2 31

Prof. Dr. rer. pol. Dr. Com. Bodo Gemper
Vorbemerkung zum zwölften Franz-Böhm-Kolleg 31

Prof. Dr. rer. pol. Dr. Com. Bodo Gemper
Auf ein Wort: „Ubi stabilitas, ibi libertas, - ubi libertas, ibi stabilitas:
„Denken in Ordnungen" 35

Steffen Mues
Bürgermeister der Stadt Siegen
Grußwort der Stadt Siegen zum Eintrag von Herrn Prof. Dr. Jürgen Stark
in das Goldene Buch der Stadt Siegen 51

Dr. iur. Johann Peter Schäfer
Kanzler der Universität Siegen
Ein Grußwort des Kanzlers der Universität Siegen 55

Prof. Dr. rer. pol. Jürgen Stark
Mitglied des Direktoriums der Europäischen Zentralbank und des EZB-Rates
Krisenbewältigung: Markt versus Staat 58

Prof. Dr. rer. pol. Dr. Com. Bodo Gemper
Ein Nachwort 74

Kapitel 3 77

Prof. Dr. phil. Ursula Blanchebarbe,
Direktorin des Siegerlandmuseums im Oberen Schloss, Siegen
Nassau – Oranien / Nassau – Siegen: Auf Rubens Spuren durch Europa
Europäisches Gedankengut im 16. und 17. Jahrhundert 77

Dr. iur. Frank Hartmann, Notar in Görlitz
Metamorphosen der Frau Europa 85

Kapitel 4 91

Aus den Pressereaktionen

Schritt für Schritt
EU-Verfechter Verheugen verteidigt die europäische Integration
Siegener Zeitung, 24. Juni 2008 91

Man kommt Stabilisierung näher. Vortrag von EZB-Ratsmitglied
Prof. Dr. Jürgen Stark im Rahmen des Franz-Böhm-Kollegs
Siegener Zeitung, 2. Mai 2009 95

Der EURO, ein Stabilitätssymbol. Chefvolkswirt der EZB
Professor Jürgen Stark referierte beim Franz-Böhm-Kolleg
Querschnitt, Zeitung der Universität Siegen Nr. 4, Juli 2009. 98

Kapitel 1

Bodo Gemper

Vorbemerkung zum elften Franz-Böhm-Kolleg

Im beginnenden 21. Jahrhundert erweist es sich erforderlich, konzeptionell vorausbedacht Akzente zu setzen für nachhaltigen Fortschritt, der getragen wird von energiesparenden und ressourcen-schonenden Prozessen. Innovative Technologien, die der Endlichkeit der Energie- und Rohstoffquellen Rechnung tragen, werden gerade für die Wettbewerbsfähigkeit derjenigen Unternehmen des Mittelstandes
im Europa der Regionen
existentiell sein, deren Aktionsradius gegenüber multinationalen Unternehmen begrenzter ist.

Wie kann im „grenzenlosen" Wettbewerb, der nach dem Wegfall nationaler Grenzen sich anschickt, auch auf die ethischen nicht mehr Rücksicht zu nehmen, zur Stärkung der internationalen Wettbewerbsposition wieder an die erfolgreiche deutsche Übung angeknüpft werden, die mit dem Konzept der Sozialen Marktwirtschaft die Weisheit der Beschränkung und menschlicher Rücksichtnahme zu schätzen wusste?

Die erfolgreiche Geschichte der europäischen Einigungsbestrebungen, die weit vor In-Kraft-Treten der Römischen Verträge vor 50 Jahren beginnt, beweist, dass die hochgesteckten Integrationsziele nur mit dem sich gleichzeitig herausbildenden Europabewusstsein erreichbar werden. Dessen Pflege ist für die Stabilisierung und Weiterentwicklung der Europäischen Union eine conditio sine qua non.

Zur Erinnerung:
Bereits während des Zweiten Weltkrieges verständigen sich im Exil Repräsentanten Belgiens, Luxemburgs und der Niederlande im Jahre 1944 auf ein Zoll- und Handelsabkommen in dem Bestreben, in ihrem Beneluxbereich den Markt zu öffnen in der Erwartung, gemeinsam ihre Wirtschaftskraft zu stärken. Dieser Beneluxvertrag erweist sich schon vor seiner Unterzeichnung am 3. Februar 1958 in den Haag – bei sich einander näher bringender Einvernehmlichkeit – von wechselseitiger Vorteilhaftigkeit.

Auch formiert sich im Jahre 1944 in Bretton Woods, U.S.A., eine internationale Währungsordnung: 1945 ebnet der Gold-Devisen-Standard den Weg zu freiem Handel, der es Westeuropa ermöglicht, sich zu einem robusten Widerlager für die Brücke über den Atlantik zu festigen, über die sich sehr schnell die politischen und wirtschaftlichen Beziehungen zur Atlantischen Gemeinschaft verdichten und sie zu einem Vorbild für eine weltweite Öffnung der Märkte werden lassen.

Am 19. September 1946 erregt Winston Churchill in Zürich mit seiner „Vision der Vereinigten Staaten von Europa" Aufsehen, verbindet er doch mit seinem

Plädoyer für eine „Franco-German Friendship" eine hoffnungsvolle Perspektive: „to make all Europe, or the greater part of it, as free and happy as Switzerland is to-day. ... It is to create the European fabric, or as much of it as we can, and to provide it with a structure under which it can dwell in peace, safety, and freedom."

Weitere Persönlichkeiten wie Konrad Adenauer, Alcide de Gasperi, Robert Schuman, Paul-Henry Spaak stehen für diesen wegweisenden europäischen Denkprozess, Westeuropa nach dem Zweiten Weltkrieg entscheidend in Freiheit zu stabilisieren. Ludwig Erhards erfolgreiche „Politik der Sozialen Marktwirtschaft" sollte Westeuropa zu einer der - neben dem Schweizer Franken - stabilsten Währungen in der Welt verhelfen und die DM bis zur Einführung des EURO aufgrund der Nachhaltigkeit der Stabilitätspolitik der Deutschen Bundesbank zur Ankerwährung Westeuropas avancieren lassen.

Schon am 16. April 1948 wird die Organisation für Europäische Wirtschaftliche Zusammenarbeit (Organization for European Economic Cooperation, OEEC) gegründet, die 1960/61 als Organization for Economic Cooperation and Development, OECD, weitergeführt wird. Es folgt die Etablierung des Europarates, im Mai 1948 auf dem Europa - Kongreß in Den Haag angeregt.

Die Römischen Verträge, unterzeichnet in Rom am 25. März 1957 und am 1. Januar 1958 in Kraft getreten, sind unter allen Integrationsbemühungen der gelungenste Wurf in das Dunkel der Zukunft, getragen von Hoffnungen, die sich anfänglich jeglicher vorstellbaren „Horizontprognose" noch weitgehend entziehen.

Diese Verträge zur Gründung der Europäischen Gemeinschaften: der Europäischen Wirtschaftsgemeinschaft (EWG) und der Europäischen Atomgemeinschaft (Euratom), die denjenigen zur Gründung der Europäischen Gemeinschaft für Kohle und Stahl (EGKS), unterzeichnet in Paris am 18. April 1951 gefolgt waren, tragen maßgeblich dazu bei, den Spielregeln der Marktwirtschaft und dem Freihandelsprinzip zur Geltung zu verhelfen.

Am 19. März 1958 konstituiert sich die „Gemeinsame Versammlung" der Europäischen Gemeinschaften, die Keimzelle des *Europäischen Parlamentes,* unter der Präsidentschaft *Robert Schuman*s. Die Europäische *Freihandelsassoziation* (European Free Trade Association, EFTA) folgt, im Jahre 1959 beschlossen und am 4. Januar 1960 unterzeichnet: Stockholmer Konvention.

Es gilt, nachdrücklich den jahrhundertealten Rivalitäten zwischen den Völkern eine Harmonisierung ihrer wesentlichen Interessen folgen zu lassen,
- durch die Errichtung einer wirtschaftlichen Gemeinschaft den ersten Grundstein für eine weitere und vertiefte Gemeinschaft unter den Völkern zu legen;
- durch gemeinsames Handeln den wirtschaftlichen und sozialen Fortschritt ihrer Länder zu sichern, indem sie die Europa trennenden Schranken beseitigen;

- mit dem Vorsatz, die stetige Besserung der Lebens- und Beschäftigungsbedingungen ihrer Völker als wesentliches Ziel anzustreben, einen redlichen Wettbewerb zu gewährleisten in dem Bestreben, die Volkswirtschaften zu einigen und deren harmonische Entwicklung zu fördern, indem sie den Abstand zwischen einzelnen Gebieten und den Rückstand weniger begünstigter Gebiete verringern, und
- fest entschlossen, durch diese Bündelung ihrer wirtschaftlichen Kräfte Frieden und Freiheit zu wahren und zu festigen,
- mit der Aufforderung an die anderen Völker Europas, die sich zu dem gleichen hohen Ziel bekennend, sich diesen Bestrebungen anzuschließen.

Wir sollten uns dieses weitsichtigen Denkens und Wirkens dieser Europäer der ersten Stunde, auf die Ludwig Erhard in seinem Standardwerk „Wohlstand für Alle" schon 1957 nachdrücklich hinweist, wieder bewusst werden und vor allem den jungen Menschen die Erkenntnis nahe zu bringen versuchen, dass das vereinte Europa mehr ist als eine am Materiellen ausgerichtete Wirtschafts- und Sozialunion, sondern es eine Haltung voraussetzt, die ihre Bürger einander zu Verbündeten werden lässt bei der Verteidigung der Werte der Freiheit in einer christlich-abendländisch geprägten Kultur, wenn auch in einem säkularisiertem Umfeld.

Der Fachbereich Wirtschaftswissenschaften, Wirtschaftsinformatik und Wirtschaftsrecht der Universität Siegen sieht in Lehre und Forschung einen Schwerpunkt in einer „systematischen Europa-Orientierung", insbs. auf den Gebieten der Geld- und Währungspolitik der Europäischen Zentralbank, der Steuer- und Haushaltspolitik der Europäischen Union, des Deutschen und Europäischen Wirtschaftsrechts und Europäischer Ordnungspolitik in Bachelor- und Masterstudiengängen „Economics" sowie möglicher Promotion zum Dr. rer. pol. und Dr. jur.

Den Vizepräsidenten der Europäischen Kommission für dieses Franz-Böhm-Kolleg zu gewinnen und ihn als konzeptionell wie exekutiv gestaltenden Baumeister am erweiterten Europäischen Haus zu befragen, ist daher optimal: Herrn Kommissar Günter Verheugen zu bitten, jungen Menschen aus dem Fundus seiner politischen Erfahrung als „EU-Erweiterungskommissar" und seit 2004 als Kommissar für Unternehmen und Industrie vom Standpunkt des bisher Erreichten mit weiträumiger Perspektive die erwünschte weitere Entwicklung des europäischen Einigungsprozesses gedanklich fortzuschreiben. Ihren Blick auf die Höhe der Zeit zu lenken und ihnen dazu eine wegweisende Perspektive zu skizzieren für *„Europas Weg an die Spitze."* Für eine politische Union, die dieses Ziel nicht mehr nur wirtschaftlich im Wettbewerb mit den Kraftzentren U.S.A und Japan, sondern auch mit neuen mächtigen Wettbewerbern in Asien bestehen muss.

Diese Gedanken werden auf fruchtbaren Boden fallen
- in einer noch strukturlabilen Industrieregion, aber doch bestehend aus sowohl gesunden mittelständischen Unternehmen als auch Bildungsinstitutionen, deren Wurzeln in einer geschichtsträchtigen Kulturlandschaft mit noch intakter Natur tief verankert sind,

- in einem sozial noch konsonantem Umfeld, in welchem der Mensch nicht lediglich als Produktionsfaktor auf der Stufe vagabundierenden Finanzkapitals gesehen wird, sondern der
- als geborene Freiheit in persona respektiert -, als Persönlichkeit verantwortungsbewusst handelt,
- in einer im Wandel begriffenen Region mit einer Universitätsstadt im Zentrum, die sich der Stärken ihrer natürlichen Standortfaktoren bewusst werden muss, gilt doch:
- erst, wer europatauglich ist, kann weltmarkttauglich werden.

Die Hörer haben die Chance, aus erster Hand informiert zu werden, den Blick zu schärfen für die Bestimmungsgründe zur nachhaltigen Stärkung der Wettbewerbsfähigkeit, die durch Wahrnehmung der Bildungschancen in Schule und Hochschule nachhaltige Grundlegung findet, um die Chancengerechtigkeit eigeninitiativ durch Bildung zu verbessern.

Dieses Franz-Böhm-Kolleg, mit inhaltlichem Bezug zu meinem Seminar „Wirtschaftspolitik für Fortgeschrittene: Europäische Wirtschaftspolitik", würdigt vor dem Vorstellungshorizont junger Menschen und deren Interessen diesen notwendigen Prozess sich vertiefender Europäischer Einigung und seiner Gestaltung als zukunftsfähiges stabiles Einigungswerk mit einer demokratischen Wirtschafts- und Sozialordnung in Freiheit.

Grissenbach an der Sieg, am 14. April 2008   Bodo Gemper

Bodo Gemper

Auf ein Wort:
Auf dem Wege zum Europabewusstsein

Es spielte das Jugendsymphonieorchester der Fritz-Busch-Musikschule der Stadt Siegen unter Leitung von Herrn Musikdirektor Siegfried Fiedler! - Zur feierlichen musikalischen Untermalung dieses Franz-Böhm-Kollegs als Dank präsentiert von jungen Menschen dieser Kulturregion, bezeugend die Verbundenheit der Fritz-Busch-Musikschule der Stadt Siegen mit der Universität Siegen aus dem besonderen Anlass zur Begrüßung des Vizepräsidenten der Europäischen Kommission anlässlich seines heutigen Besuches der Stadt Siegen und der Universität Siegen:

Seien Sie ganz herzlich willkommen, Herr Kommissar Verheugen!

Als ich meinem Klassenlehrer aus der Oberschule in Jena – er ist Germanist und Anglist -, der jetzt fast 88jährig in Berlin lebt, von meiner Idee berichtete, diese jungen Musiker in die Universität zu bitten, bestärkte er mich in dieser Absicht und erinnerte mich an seine Habilitationsschrift, in der er „Die Bedeutung des Musikalischen in der Literatur" über die Zeit in einem „Überblick von Gottfried von Straßburg bis Brecht" analysiert hat, worin er das diesbezüglich zentrale Problem kultureller Tiefe begründet. Ich zitiere Herrn Dr. Johannes Mittenzwei: „Eine Darstellung der Beziehungen zwischen dem Musikalischen in der Literatur und der gesellschaftlichen Entwicklung ermöglicht außer psychologischen und ästhetischen Erkenntnissen Einblicke in die klassenmäßige (wir würden sagen, soziologische) Struktur der Gesellschaft, deren Werdegang auf diese Weise wie mit einem seismographischen Gerät verfolgt und registriert wird."

Ich greife beispielhaft Brecht heraus, an dem Mittenzwei seine These exemplifiziert, und zitiere ihn noch einmal: „Mit dem dichterischen Wort allein würde Brecht diese beabsichtigte Wirkung nicht in dem von ihm gewünschten Maße erreicht haben. Dazu bedurfte es der Tonsprache, die das Wort mit besonderer Eindringlichkeit zur Geltung bringt, da sie erst der dichterischen Absicht zu ihrem emotionalen Ausdruck verhilft."

Und Sie, Herr Fiedler, und Sie meine jungen Freunde, haben uns sogar zu unserem europäischen Nachdenken emotional eingestimmt. Ganz herzlichen Dank!

Wollen wir die jungen Musiker bitten, uns noch einige Takte zur Überleitung zu spielen?

Diesen Dank an die jungen Künstler richte ich aber auch an die Eltern, die einen ganz wesentlichen Beitrag zur Bildung in unserer christlich-abendländischen Kultur leisten, indem sie Ihre Kinder anhalten, sich musisch zu bilden.

Nachdem ich die Gäste begrüßt habe, werde ich nun mit zwei Thesen diesen emotionalen musischen Überschwang wieder etwas nach unten fahren, damit

– dramaturgisch berechnend – unser Gast, Herr Kommissar Verheugen, dann die Chance hat, unsere Stimmung erneut zu heben.

Meine sehr verehrten Damen, meine Herren, liebe Kommilitoninnen und Kommilitonen, erlauben Sie mir bitte, meine thematische Einstimmung in dieses Franz-Böhm-Kolleg in zwei Haupt- und zwei Ergebnis-Thesen zu fassen.

Die m. E. peinliche Enthaltung der Stadt Berlin bei der Abstimmung über den EU-Reformvertrag am 23. Mai dieses Jahres im Bundesrat, möchte ich aus wohl erwogener protokollarischer Rücksicht hier ausklammern wie auch das Problem, das die Iren zum gleichen Vertrage im Ergebnis der Volksabstimmung in der vergangenen Woche dem europäischen Einigungswerk aufgebürdet haben.

Meine erste und zentrale These heute Nachmittag lautet: „Die Europäische Union ist eine Friedensunion."

Gerhard Brunn, - von 1993-2004 Inhaber der Jean-Monnet-Professur für Europäische Regionalgeschichte an unserer Universität - hat das klar formuliert, ich zitiere: „Die größte Errungenschaft des Europäischen Integrationsprozesses ist möglicherweise die damit entstandene Kultur des Konfliktmanagements. Sie stellt sicher, dass alle Konflikte zwischen den Mitgliedsstaaten der EU ohne Gewalt und Gewaltandrohung bearbeitet werden. Das macht die EU zu einer *Friedensgemeinschaft* (Hervorh. von mir, B.G.), in der Krieg zwischen den Mitgliedern nicht nur undenkbar, sondern auch strukturell unmöglich geworden ist. "

Meine zweite These leitet sich aus der Frage ab: Wie wurde in der *Ersten Stunde* der Gründung der Europäischen Wirtschaftsgemeinschaft das hehre Ziel der Integration Europas nach dem Zweiten Weltkrieg angegangen?

Diese These lautet: Persönlichkeiten, nicht Maßnahmen waren es, die die erfolgreiche Entwicklung in Gang gesetzt und vorangetrieben, ja, die sogar deutsche und europäische Geschichte geschrieben haben.

Auf West-Deutschland bezogen seien beispielhaft als „Persönlichkeiten der ersten Stunde", die unsere freiheitlich-demokratischer Ordnung politisch begründet haben, genannt US-General Lucius D. Clay, Konrad Adenauer, Franz Böhm, Ludwig Erhard, Theodor Heuss, Ernst Reuter, Carlo Schmid oder Kurt Schumacher, deren persönlicher Einsatz und deren Integrität in Tateinheit mit Glaubwürdigkeit, wesentlich dazu führte, dass Westdeutschland bereits vor dem Ausbruch des Kalten Kriegs eine realistische Chance erhielt, wieder in die Gemeinschaft der freien Völker zu finden.

Ergänzend zu diesen Namen und Gedanken, die ich zum Europäischen Einigungswerk in der Einladung vorgestellt habe, wähle ich hier ein Beispiel aus dem zentralen Gebiete der Grundsatzentscheidung für die Prinzipen Europäischer Ordnungspolitik: Als exemplarisch lässt sich das Ringen um diese ordnungspolitischen Grundlagen an der richtungweisenden Auseinandersetzung zwischen Ludwig Erhard und Walter Hallstein im Europäischen Parlament erklären, das beide in elegantem, geistvollem Stil führten:

Professor Hallstein, erster und wegweisender Präsident der Europäischen Kommission, zeigte eine deutlich frankophile Neigung colbertistischer Wirtschaftspolitik, neigte er doch wirtschaftspolitischer „Programmierung" zu. Die Franzosen hatten sogar einmal einen Planungskommissar namens Jean Monnet, der der Grundidee einer westeuropäischen Montanunion Gestalt verlieh. Sie ist als Europäische Gemeinschaft für Kohle und Stahl (EGKS) bekannt.

Ludwig Erhard stand als Marktwirtschaftler, der die Verantwortung jedes Einzelnen, sei es als Konsument oder als Unternehmer in den Mittelpunkt der staatsbürgerlichen Pflichterfüllung stellte, jeglicher Planifikation ablehnend gegenüber.

Professor Erhard, erster Bundesminister für Wirtschaft der BR-Deutschland, betonte folglich:

„Was wir brauchen, ist meiner Ansicht nach nicht ein Planungsprogramm, sondern ein Ordnungsprogramm." Und Erhard schließt seine Ausführungen, sagend:

„In meinen Augen – und das ist der Inhalt meiner Politik – ist die Wirtschaft nicht Selbstzweck, sondern sie hat eine dienende Funktion für den Menschen, für ein Volk und auch für eine Völkerfamilie, die wir innerhalb unserer Gemeinschaft sein wollen."

Der Jurist Hallstein antwortete, ich zitiere, „dem Herrn deutschen Bundeswirtschaftsminister auf die skeptischen Bemerkungen" und er versuchte in seiner Entgegnung Erhard mit einem Eucken-Zitat matt zu setzen, in welchem Eucken vom „archimedischen Punkt" schreibt. Hallstein zitiert Eucken:

„Stets und überall basiert alles wirtschaftliche Handeln auf Plänen", was als eine einfache „Tatsache" anzusehen sei.

Ergebnisthesen

Abschließend nun meine beiden Ergebnisthesen, mit dem Ziele, aus dem soeben angerissenen Gedankenkreis einen Ertrag herzuleiten, der uns zugleich in die Gegenwart führt.

Die erste Ergebnisthese leite ich aus der Frage ab: Gibt es gegenwärtig noch den Typus des beispielhaften Leistungsträgers, der uns Mut machen kann, auf uns zukommenden Herausforderungen effizient zu begegnen?

Das möchte ich hier und heute einmal intern beurteilen, ausgehend von der These, dass auch gegenwärtig noch gilt, dass es Persönlichkeiten, und nicht Maßnahmen sind, die Entwicklungen vorantreiben, ja, die einer ganzen Institution Spannkraft verleihen.

Meine zugleich abschließenden Überlegungen werde ich an praktischen Beispielen verifizieren, wobei ich das mit gewissem Stolz tun kann, da es sich um Beispiele handelt, denen die Überlegung zu Grunde liegt, dass Bildung immer zugleich als Vermittlung von Entwicklungschancen zu verstehen ist.

Ich tue das auch in der Absicht, mit diesen Ausführungen dem von mir hoch geschätzten Homo faber Europae, dem Gestaltenden Europäer Günter Verheugen, gleichzeitig einen kleinen Einblick in unseren Fachbereich Wirtschaftswissenschaften, Wirtschaftsinformatik und Wirtschaftsrecht (FB5) der Universität Siegen zu geben. Wobei ich das Privileg habe, mit dem Abstand des Abgeklärten die Sachlage zu beurteilen. Ich denke hier zu erst – in der Reihenfolge der erbrachten Leistungen – an den Gestalter der Infrastruktur für moderne Kommunikation im Fachbereich Wirtschaftswissenschaften:

Es ist mir eine Freude, den Prorektor und Vorsitzenden der Kommission für Planung und Finanzen, Herrn Prof. Dr. Manfred Grauer, zu begrüßen. Mit seinem Erfahrungswissen aus dem Systemvergleich und bei seinem Wirken auf dem Gebiete der Systems and Decisions Sciences am International Institute for Applied Systems Analysis (IIASA) in Laxenburg/Österreich, hat er konstruktives Denken für die Moderne erworben, das er ganz besonders während seines Dekanats in den Jahren 1991 -1995 in unserem Fachbereich Wirtschaftswissenschaften umgesetzt hat.

Dieser Kollege ist nicht nur wissenschaftlich so stark geworden, dass sein Wirken sich zur einem unserer Lehr- und Forschungsschwerpunkte verdichten konnte, sondern dass sein Wirken sich auch im Namen unseres Fachbereiches spiegelt, der jetzt auch die Informatik enthält. Und nicht zuletzt hat Herr Professor Grauer uns in diesem Fachbereich auch die Arbeit an den Personal Computers in breiter Anwendung ermöglicht und uns den Weg ins Internet und damit den Anschluss an Europa, ja weltweit, eröffnet.

Dafür gebührt Ihnen, lieber Herr Professor Grauer, unser aller Dank!

Jetzt denke ich an einen sehr freundlichen Herren aus der Generaldirektion XVI der Kommission der Europäischen Gemeinschaften in Brüssel, der uns mit seinen regelmäßigen Vorlesungen über Semester hinweg vermittels Lehraufträgen in den Jahren 1990 bis 1997 und dann weiterhin mit Gastvorlesungen, zuletzt am vergangenen Freitag, aber auch mit seinen Beiträgen in unserer Hochschulzeitschrift „DIAGONAL" „als lebende Primärquelle", wie er es selber nennt, uns aus erster Hand die „Strukturpolitik der Europäischen Gemeinschaft" erklärt und verständlich gemacht hat. Das hat Herr Dr. phil. Egon Schoneweg als Freund von mir und als Freund des Fachbereichs Wirtschaftswissenschaften weitgehend kostenlos getan.

Dass Sie im Siegerland so nachhaltige Spuren hinterlassen haben, dafür gebührt Ihnen, lieber Herr Dr. Schoneweg, unser großer Dank!

Jetzt komme ich zu einer echten Innovation an unserer Alma Mater, zu dem Diplom-Studiengang Deutsches und Europäisches Wirtschaftsrecht: Dieses Studienkonzept, das im Verhältnis 60 % Rechtswissenschaft zu 40 % Wirtschaftswissenschaften zu einer neuen komplementären Einheit verschmilzt, war bei Etablierung dieses Studienganges im Wintersemester 1999/2000 eine Novität, die es sogar bis zum heutigen Tage geblieben ist.

Die Besonderheit dieses Studienganges besteht darin, dass er an den rechtswissenschaftlichen Grundlagenfächern der Jurisprudenz festhält, bis auf das Strafrecht, das lediglich eingeschränkt als Wahlfach angeboten wird.

Auf diesem so geschaffenen Fundament bauen wichtige spezifisch wirtschaftsrechtliche Fächer, wie Gesellschafts- und Handelsrecht, Arbeits- oder Wirtschaftsverwaltungsrecht in nahezu gesamter Breite einschließlich europarechtlicher und internationalrechtlicher Komponenten auf.

Diese Innovation besteht nun gerade darin, dass dieses Studium beider Wissenschaften die Absolventen dazu befähigt, dem Grundsatze unserer Hochschule „Theoria cum Praxis" entsprechend, bezüglich ihrer Methoden und Kenntnisse wechselseitig fruchtbar zu machen, zumal doch die Rechtswissenschaften und die Wirtschaftswissenschaften häufig ein und denselben Gegenstand aus ihrer jeweiligen Perspektive betrachten.

Es ist also - wie ich es verstehe -, die Positionierung von zwei Fachgebieten in einer Juxtaposition, die durch die gestaltende Zuordnung zueinander sich zu einer qualitativ neuen Einheit verschränken.

Da es keinerlei Erfahrungen gab, weder mit dem Interesse an einem solchen Studium, noch mit dieser Kombination wie auch der Motivation der dafür geeigneten Hochschullehrer, und es überdies auch völlig ungewiss war, ob und wie die Absolventen auf dem Arbeitsmarkt aufgenommen werden würden, bedeutete die Etablierung dieses Studienganges ein großes Wagnis eingegangen zu sein.

Zur Freude unserer Hochschule erweist sich dieses eingegangene Wagnis als ein Erfolgsmodell, wie die Zahlen belegen. Der Fachbereich musste sogar einen örtlichen numerus clausus verfügen, da wir personell der Nachfrage nicht sofort gewachsen waren.

Ich möchte betonen, dass diese Kollegin, Frau Professor Dr. jur. Elke Herrmann, trotz ergangener ehrenvoller Rufe an die Universitäten Hamburg, Münster und Greifswald unserer Alma Mater treu geblieben ist!

Als Verfechter des Rechtsstaatsgedankens im Sinne von Franz Böhm möchte ich betonen, dass nicht zuletzt durch Ihr Wirken, Frau Kollegin Herrmann, der Rechtsstaatsgedanke auch wieder im Namen unseres Fachbereiches Ausdruck findet, hieß doch unser Fachbereich bis zum Sommersemester 1976 sogar „Wirtschaftswissenschaft – Rechtswissenschaft". Diese rechtswissenschaftliche Ausrichtung haben Sie wieder belebt!

Für diese hervorragenden Leistungen, nämlich das Konzept dieses Studienganges für Deutsches und Europäisches Wirtschaftsrecht entwickelt, die formelle Durchsetzung federführend bewirkt und auch gegen manche Widerstände verteidigt zu haben, aber auch unserem Fachbereich damit wieder einen ordentlichen Namen gegeben haben, wie aber auch für die Treue zu unserem Fachbereich, gebührt Ihnen, verehrte Frau Professor Herrmann, unser besonderer Dank!

Last, but not least möchte ich als gelernter Volkswirt zwei jüngere Kollegen, die als Wirtschaftswissenschaftler der Europa-Orientierung unseres Fachbereiches Gestalt verleihen, heute und hier in den Fokus rücken:

Es ist Herr Professor Dr. rer. pol. Carsten Hefeker, der nachhaltig die Probleme der Europäischen Volkswirtschaft, die Fragen der europäischen Integration und die dazu gehörige Wirtschaftspolitik, vertritt, - und es ist

Herr Professor Dr. rer. pol. Jan Franke-Viebach, der als langjähriger Prodekan für internationale Zusammenarbeit unseres Fachbereiches nach meiner Beobachtung dem Europagedanken ein menschliches Antlitz dadurch verleiht, indem er durch regelmäßige Lehrtätigkeit an Partneruniversitäten und die Gestaltung des Studentenaustausches die geistigen Verbindungen nach Osteuropa zu geistigen Bindungen veredelt.

Herrn Professor Franke-Viebach gebührt für sein sehr kollegiales Verhalten und sein Bemühen, das unerlässliche Denken in europäischer Dimension zu pflegen, unser herzlicher Dank!

In der Erwartung, Ihnen, Herr Kommissar Verheugen, und Ihnen, verehrte Gäste, eine Einstimmung in das weite Problemfeld aus der Sicht eines Volkswirts an unserem Fachbereich gegeben zu haben, bedanke ich mich bei Ihnen sehr herzlich für ihre geduldige Aufmerksamkeit.

Wir freuen uns jetzt auf die Ansprache des Vizepräsidenten der Europäischen Kommission,

Herrn Kommissar Günter Verheugen.
Glück auf!

Wirtschafts- und Sozialordnung – FRANZ-BÖHM-KOLLEG 11

Vize-Präsident der Europäischen Kommission, *Günter Verheugen,*
auf dem Empfang durch den Bürgermeister der Stadt Siegen,
Herrn Rechtsanwalt Steffen Mues, im Oraniersaal des Oberen Schlosses.

Steffen Mues

Grußwort der Stadt Siegen zum Eintrag von Herrn Professor Günter Verheugen in das Goldene Buch der Stadt Siegen

Sehr geehrter Herr Verheugen,

ich begrüße Sie herzlich bei uns in der Rubensstadt Siegen! Es freut mich außerordentlich, dass Sie unserer Einladung nachgekommen sind und sich vor dem 11. Franz-Boehm-Kolleg Zeit für einen kleinen Empfang nehmen.

Herrn Professor Gemper kennen Sie ja aus diesem Zusammenhang bereits. Auch Ihnen ein herzliches Willkommen!

Erlauben Sie mir kurz, dass ich die Runde vorstelle: Frau Professor Blanchebarbe ist die Leiterin des Siegerlandmuseums, in dem wir uns befinden. Sie wird Ihnen gleich unsere originalen Rubensgemälde zeigen. Der weltberühmte Barockmaler Peter Paul Rubens wurde im Juni 1577 in Siegen geboren.

Herr Vetter ist der neue Präsident der IHK Siegen. Er wird von Herrn Droege, dem stellvertretenden Hauptgeschäftsführer, begleitet. Von den Ratsfraktionen sind Ute Höpfner-Diezemann für die CDU, Detlef Rujanski für die SPD, und Hans-Günter Bertelmann für die UWG gekommen. Unsere Pressestelle ist durch Frau Astrid Schneider vertreten. Verehrter Herr Verheugen, es ist uns nicht nur eine Freude, sondern auch eine Ehre, Sie heute hier begrüßen zu dürfen.

Als Exekutive im politischen System der Europäischen Union kommt der EU-Kommission eine wichtige Rolle zu. Als supranationales Organ der Europäischen Gemeinschaft arbeitet die Kommission unabhängig von den Mitgliedsstaaten. So dienen auch die Kommissare alleine der Gemeinschaft und nicht ihrem Herkunftsland.

Gleichwohl empfinde ich es als ein deutliches Symbol der Bedeutung Deutschlands in Europa, dass mit Günter Verheugen der Vize-Präsident der Europäischen Kommission aus Deutschland kommt.

Und damit eine der bedeutendsten Personen Europas in Siegen als Gast zu haben, ist mir und uns sehr wichtig. Denn schon früh, genauer gesagt im 13. Jahrhundert, hat Siegen das Geschehen in Europa wesentlich geprägt.

Wie Sie vielleicht wissen, besitzt Siegen enge dynastische Verbindungen zu den Häusern Nassau und Oranien. Ein Siegener Adliger aus dem 13. Jahrhundert, Otto I Graf zu Nassau-Siegen, gilt als Stammvater beider Häuser.

Die Teilung von 1255 hat das Schicksal des Hauses Nassau für immer bestimmt. Die Trennung in zwei Linien blieb dauerhaft. Nassau fiel damit als großes, gestaltendes Territorium am Mittelrhein, wozu es nach Rang und Lage berufen schien, aus. Das mittelalterliche Stadtrecht kannte keine Trennung zwischen öffentlichem und privatem Recht. Der Machtbereich galt als Privatvermögen des Herrschenden. So waren Landesteilungen natürliche Vorgänge zur wirtschaftlichen Versorgung mehrerer Nachkommen. Die Nassauer boten in den folgenden Jahrhunderten jedoch Teilungen in so großer Zahl an, dass man leicht den Überblick verlieren kann. Zum guten Schluss wurde 1813 Willem I. zum souveränen König der Niederlande ausgerufen, schon 1830 wurde Belgien selbständig und 1890 wurde Adolf von Nassau aus eigenem Recht Großherzog von Luxemburg. Dabei hatte das ursprüngliche Herzogtum Nassau seine Unabhängigkeit verloren und war Teil Preußens geworden.

Wir haben uns auch deshalb schon früh um Städtepartnerschaften, unter anderem in England, Belgien und Polen, bemüht.

Aber auch geographisch liegt Siegen in der Mitte Europas – zumindest lag es dort bis zur Ost-Erweiterung, die Sie aus meiner Sicht sehr erfolgreich mitgestaltet haben. Die europäischen Nachbarländer sind ein wesentliches Absatzgebiet der heimischen mittelständisch geprägten Industrie, die im Wesentlichen durch den Export lebt und seit Jahren stabil wächst. Dies ist für Sie als Kommissar für den Bereich „Unternehmen und Industrie" natürlich auch von Belang.

Nicht zuletzt ist unsere Universität international ausgerichtet. Studierende aus 33 europäischen Ländern besuchen die Universität Siegen und geben uns ein weltoffenes Gesicht.

Es gibt daher für Siegen viele Gründe, im Sinne Europas zu agieren und zu denken. Ich kann Ihnen versichern, dies tun wir auch. Das Zusammenwachsen Europas erlebe ich als ein Geschenk, das aufgrund der gemeinsamen Geschichte vor wenigen Jahrzehnten noch nicht denkbar gewesen wäre.

Ich halte den Europäischen Gedanken für wichtiger denn je, denn nur als Europäische Union haben wir eine realistische Chance, im Wettbewerb der Wirtschaftsblöcke unsere Interessen durchzusetzen.

Dass der Weg hin zur Europäischen Union schwierig ist, macht das gescheiterte Referendum in Irland deutlich.

Zwar gehört Deutschland zu den Vorreitern bei der Durchsetzung einer europäischen Verfassung. Aber auch hier bei uns ist eine Europaskepsis spürbar.

Dies hat mehrere Gründe. Einer davon ist die von Brüssel ausgehende Reglementierung, die in vielen Fällen von den Bürgerinnen und Bürgern nicht nachvollzogen werden kann. Kam die amerikanische Unabhängigkeitserklärung noch mit 300 Worten aus, so hatte die Verordnung der EWG zum Import von Karamellprodukten bereits 26.911 Wörter. Diese Inflation der langen Verordnungen hat sich bis heute nicht verändert.

Zugleich erleben wir immer mehr, dass Verordnungen aus Brüssel das örtliche Geschehen nicht berücksichtigen und wir trotzdem zur Umsetzung angehalten sind. Hier in Siegen hat zum Beispiel die Einstufung und Festsetzung einer 110 Hektar großen Konversionsfläche als FFH-Gebiet zu aufgebrachten Diskussionen geführt. Denn unsere Stadt leidet erheblich unter einem Gewerbeflächendefizit und hätte dort, wo jetzt der Magerklee geschützt wird, lieber ansässigen und neuen Unternehmen eine Zukunft gegeben.

Selbstverständlich ist es überaus wichtig und nötig, dass die EU die Linie für ganz Europa vorgibt und einen Handlungsrahmen schafft, in dem sich die Mitgliedstaaten bewegen können; beim gewählten Beispiel in dem wichtigen Bereich Natur- und Umweltschutz.

Und Siegen profitiert auch von der Europäischen Union, zum Beispiel im Rahmen der zahlreichen sinnvollen Förderprogramme. So konnte auf einer wesentlich kleineren Konversionsfläche mit EU-Mitteln ein Gewerbegebiet erschlossen werden.

Gleichwohl bedarf es aus meiner Sicht deutlich mehr Möglichkeiten, um die nationalen und regionalen Prägungen zu berücksichtigen. Ich möchte Ihnen dies gerne mit nach Brüssel geben und bin natürlich sehr froh, dass das Franz-Böhm-Kolleg an der Universität Siegen die Gelegenheit gibt, diese kommunalen Probleme anzusprechen.

Ich bin sicher, dass Sie als politischer Pragmatiker Ihren Einfluss weiterhin dahingehend gelten machen werden, eine Verbürokratisierung Europas einzudämmen.

Verehrter Herr Verheugen, ich hoffe in diesem Sinne, dass Ihr Besuch in Siegen bei Ihnen in positiver Erinnerung bleibt und Sie gerne wieder kommen. Natürlich sind Sie uns jederzeit willkommen.

Ich darf Sie nun bitten, sich in das Goldene Buch der Stadt Siegen einzutragen. Im Anschluss daran darf ich Ihnen ein Goldenes Krönchen überreichen. Dies ist das Wahrzeichen der Stadt Siegen.

Ich bedanke mich für Ihre Aufmerksamkeit!

Günter Verheugen

Europas Weg an die Spitze

Herr Prof. Gemper, meine sehr verehrten Damen und Herren, ich lasse jetzt einmal die Einzelbegrüßungen weg. Hier ist ja eine so große Zahl hervorragender Persönlichkeiten versammelt. Sie sind mir alle gleich wert und ich freue mich, dass Sie gekommen sind.

Es ist ja schade, dass der junge Mann an dem Schlagwerk hinter mir seine Schlägel mitgenommen hat, sonst könnte ich mal so richtig auf die Pauke hauen. Heute, das wollte ich schon immer gerne einmal, aber jetzt müssen Sie sich mit meinem akademischen Festvortrag begnügen.

Ich weiss wohl, dass ein gewisser Mut dazu gehört hat wenige Tage nach dem Referendum in Irland und wenige Tage nach einem eher frustrierenden Gipfeltreffen der europäischen Staats- und Regierungschefs einen Vortrag zum Thema „Europas Weg an die Weltspitze" zu halten.

Mir war das Risiko aber bewusst. Und das einzige was ich dazu sagen möchte ist, es sollte niemand überraschen, dass Europas Weg an die Spitze nicht die Direttissima ist, sondern, dass es dabei Umwege gibt und Zwischenstopps, gelegentlich wir sogar abstürzen und uns wieder nach oben hangeln müssen.

Sie sehen, ich bin nicht gerade begeistert über das was wir erlebt haben, Sie sehen mich aber auch nicht zerknirscht oder in Sack und Asche vor sich. Und ich will Ihnen gleich sagen warum. Unabhängig von solchen Rückschlägen, wie wir sie übrigens immer wieder erleben werden, solange wir festhalten am Konzept eines Europa, das aufgebaut ist auf der souveränen Gleichheit der Staaten, solange wird es immer wieder passieren. Solange wir Polen, Iren, Franzosen und Deutsche bleiben wollen und gleichzeitig Europäer sein wollen, wird dieser Konflikt immer wieder auftreten.

Herr Professor Gemper, meine sehr verehrten Damen und Herren!

Wohl wissend, dass nichts riskanter ist, als eine Prognose, wenn sie auch noch die Zukunft betrifft, möchte ich dennoch mit einer Vorhersage beginnen. Hinter uns in der Europäischen Union liegen zwei Jahrzehnte großer Veränderungen, aber vor uns liegen weitere Jahrzehnte noch größerer Veränderungen.

Um uns herum erleben wir einen tief greifenden ökonomischen, sozialen und kulturellen Wandel und dieser Wandel wird eine neue Weltordnung hervorbringen.

Wir kennen die Strukturen noch nicht, sie zeichnen sich noch nicht einmal ab. Aber G 20 ist ein Zeichen dafür, dass keiner es mehr alleine schafft, nur wie es endgültig aussehen wird, wissen wir nicht. Aber sicher ist wohl, dass es mehrere Machtzentren geben wird, dass sich eine neue Form globaler Governance herausbildet. Vor diesem Hintergrunde ist es an der Zeit, für die Europäische Union sich auf das zu besinnen, was wir wollen. Es ist höchste Zeit, dass wir uns auf unsere Rolle in dieser sich verändernden Welt und in der anderen Welt von Morgen vorbereiten. Dazu ist es sicher notwendig, sich zunächst einmal zu vergewissern: wo stehen wir denn eigentlich? Wo sind wir angekommen mehr als 50 Jahre nach Gründung der Europäischen Wirtschaftsgemeinschaft, etwas mehr als 50 Jahre nach Unterzeichnung der Verträge von Rom? Antwort: wir sind immer noch unfertig. Die EU ist immer noch eine Baustelle, und - das ist keine gewagte Prognose - sie wird noch für sehr lange Zeit eine Baustelle bleiben. Ja, wir haben in den letzten 20 Jahren eine ganze Menge geschafft. Wenn man es einmal aus der Distanz betrachtet, war die Rede von der Eurosklerose und vom europäischen Rückschritt und vom Schneckentempo zu keinem Zeitpunkt angemessen. Wir haben auch mit der großen Erweiterung von 2004 und 2007 die richtigen und notwendigen Konsequenzen gezogen aus den dramatischen Veränderungen in Europa im Jahre 1989. Wir haben den Binnenmarkt weitgehend vollendet und damit unserer Wirtschaft einen so starken Heimatmarkt geschaffen, dass sie sich auch global behaupten kann. Wir haben eine gemeinsame Währung und wir kommen weit voran in der Angleichung der Lebensverhältnisse, ich möchte fast sagen, manchmal tun wir schon des Guten zuviel. Manchmal habe ich das Gefühl wir handeln auf Teufel komm raus, und schließlich, halb freiwillig und halb gezwungen mischen wir uns immer mehr ein in die großen weltpolitischen Fragen, ohne dabei aber wirklich schon garantieren zu können, dass die Europäische Stimme auch gehört wird. Das liegt aber nicht daran, dass man uns nicht zuhören möchte, sondern das liegt daran, dass die Europäische Stimme allzu häufig dissonant ist und wir immer noch allzu häufig Masse mit Klasse verwechseln.

Wir bewegen uns nicht im Schneckentempo, aber auch nicht sehr schnell. Wenn wir uns den Lissabon-Vertrag vor Augen führen, der nach meiner festen Überzeugung in Kraft treten wird; so wurden zu dessen Ratifizierung, Fertigstellung mehr als acht Jahre benötigt. Da kann man jedenfalls nicht sagen, dass das Entwicklungstempo zu schnell wäre, aber eines ist auch klar: Mit diesem neuen Vertrag, der uns in die Lage versetzten wird, besser, mit den Herausforderungen der kommenden Jahrzehnte umzugehen, sind wir immer noch nicht am Ziel. Es wird auch in Zukunft um die Weiterentwicklung der vertraglichen Grundlagen der Europäischen Integration gehen und das wird immer quälend schwierig und vermutlich auch immer nur langsam gehen. Das ist schlicht und einfach der Tatsache geschuldet, dass die Europäische Union kein Staat ist, und so wie ich das sehe und auch für richtig halte, jedenfalls in vorhersehbarer Zukunft, auch kein Staat werden wird. Der neue Vertrag, der Vertrag von Lissabon ist nicht perfekt, ich hätte mir an vielen Stellen mehr Mut und mehr Entschlossenheit und sehr viel größere Schritte gewünscht. Ja, er bringt uns etwas mehr Demokratie, eine höhere Effizienz, die Chance, nach außen stärker gemeinsam aufzutreten, aber das sind alles nur erste Schritte. Dabei sollte man sich jedoch ein Grundprinzip vergegenwärtigen. Europäische Integration kann nicht dekretiert werden, sie kann nicht von einigen oder einem Land allein allen anderen aufgezwungen werden. Sie kann nur gemeinsam entwickelt werden. Die Schritte müssen gemeinsam getan werden und man sollte dabei niemanden zurücklassen. Weiteres Vorausschreiten setzt Partnerschaft voraus. Partnerschaft allerdings ist ein Konzept, dass Disziplin verlangt, Bereitschaft zum Kompromiss, Bereitschaft zum Konsens und Bereitschaft zum Zuhören. Partnerschaft ist nicht einfach, und wenn ich nach 10 Jahren Erfahrung in Brüssel den derzeitigen Zustand beschreiben sollte, so muss ich sagen, dass ich ein zunehmendes Misstrauen wahrnehme. Ein Misstrauen auf der Ebene der Mitgliedstaaten und in ihren Gesellschaften gegenüber den

Institutionen in Brüssel, die sie in Verdacht haben, immer mehr Einfluss und immer mehr Macht anzustreben, also die europäischen Entscheidungen zu zentralisieren. Es gibt aber auch ein Misstrauen auf der Seite der Brüssler Institutionen gegenüber den Mitgliedstaaten, die, von dem einen oder anderen betrachtet werden wie eine ungezogene Schulklasse, die man zu ihrem Glück zwingen muss. Beides ist falsch. Aber in beiden Fällen gibt es Anlass zu diesem Misstrauen. Eine ganz bewusste, auf Partnerschaft, auf gleiche Rechte und gleiche Pflichten setzende Politik ist das einzige, was uns helfen kann, gemeinsam voran zu gehen. Dazu ist, und das ist mein Abschiedswort an die Kommission, wahrscheinlich sehr viel mehr Selbstbeschränkung notwendig. Wir hatten eine Phase, die ist verbunden mit dem Namen Jacques Delors, der ein großer Präsident war und die Integration wirklich voran gebracht hat aber in der auch eine Vorstellung regierte, die uns heute Schwierigkeiten macht, nämlich die Vorstellung, dass sich Europa nur in immer mehr Regeln, in immer mehr gemeinsamen Vorschriften, in immer mehr Harmonisierungen verwirklicht. Ich glaube daran nicht. Ich glaube nicht, dass wir mehr Europa haben, wenn wir mehr europäische Vorschriften haben. Ich glaube vielmehr, dass wir noch sehr viel stärker darauf setzten müssen auf europäischer Ebene nur das zu tun, was die Staaten alleine nicht mehr schaffen können und dass diese Frage sehr sorgfältig geprüft werden muss. Das ist ein Auftrag, den das Bundesverfassungsgericht in seinem Urteil dem deutschen Bundestag mitgegeben hat, und ich halte diesen Teil des Urteils für außerordentlich wichtig. Die nationalen Parlamente haben in einer Europäischen Union, die sich gründet auf der Idee souveräner Nationalstaaten, in der Tat die Pflicht dafür zu sorgen, dass Partnerschaft respektiert und die Balance gehalten wird. Selbstbeschränkung ist das eine und Konzentration auf das Wesentliche ist das andere. Wenn ich die unendliche Fülle von Dokumenten, von Initiativen, von Papieren, von Aktionen, von Grünbüchern, Weißbüchern und sonst noch alles, wenn ich das, was täglich über meinen Schreibtisch geht, soweit mein Kabinett es nicht schon gefiltert hat und ich es gar nicht mehr zu sehen kriege, wenn ich das alles betrachte, dann frage ich mich doch manchmal, ob weniger nicht mehr wäre. Ich frage mich, ob es nicht richtiger wäre, sich auf das zu konzentrieren, was Europa braucht, um die Erwartungen der Bürgerinnen und Bürger zu erfüllen, nämlich sich die Politiken und die Instrumente zu geben, die wir zur Hand haben müssen, um unserer politischen Verantwortung in der Welt von Morgen gerecht zu werden. Ich meine die Instrumente, die wir haben müssen, um uns in der ökonomischen Globalisierung behaupten zu können und das in einer Art und Weise, die unsere europäischen Lebensvorstellungen auch in Zukunft ermöglicht, also ein Leben, das selbst bestimmt ist: in Freiheit, in Demokratie und in Frieden.

Wir haben eine ganze Menge Stärken - auch das sollten wir nicht unterschätzen. In Wahrheit ist es so, wenn wir seriöse internationale Vergleichsstudien betrachten, dann stellen wir fest, dass, was auch immer man vergleicht, sich europäische Staaten oder europäische Regionen in der Spitzengruppe befinden. Wir klagen z.B. darüber, dass unsere Innovationsfähigkeit zu begrenzt ist, aber Tatsache ist, dass im internationalen Vergleich drei europäische Länder die innovativsten sind: an der Spitze übrigens eines, das der Europäischen Union durch bilaterale Verträge verbunden ist und nicht direkt durch Mitgliedschaft, nämlich die Schweiz, aber dann kommen gleich zwei nordische Mitgliedsländer. Wir können eigentlich alles in Europa, wir können es nur nicht überall und nicht gleichzeitig, und der Schluss, der daraus zu ziehen ist, ist ganz eindeutig: Wir müssen mehr voneinander lernen. Das, was wir an einem Ort können, das sollten wir auch an einem anderen können. Es gibt eine große Schwäche in Europa, die schwer zu überwinden ist: Im Ernstfall, immer dann, wenn es schwierig wird, stehen die handelnden Personen vor dem Konflikt, dass das, was europäisch richtig und notwendig erscheint, nicht notwendiger Weise national honoriert wird. Die eher langfristig angelegten Brüsseler Politikzyklen stimmen nicht überein mit den kurzfristigen, an der jeweils nächsten Wahl orientierten politischen Zyklen der Mitgliedsländer. Mit anderen Worten: Wahlen werden zu Hause gewonnen und nicht in Brüssel und das macht gemeinsames Handeln, langen Atem, von Fall zu Fall immer schwierig. Es ist eine Frage des Bewusstseins und in dieser sich verändernden Welt muss das Bewusstsein stärker und stärker werden, dass wir wirklich alle in einem Boot sitzen, dass wir dieses Boot durch sehr schwieriges Gewässer zu steuern haben, und dass kein einziges Land, kein einziges, auch die ganz starken Länder in Europa noch stark genug ist, um die Herausforderungen der Zukunft alleine zu bestehen.

Was ist also die politische Verantwortung Europas in der Welt von morgen, in der neuen, multipolaren Welt, die wir vor uns sehen? Das ist etwas, was außerhalb Europas sehr viel deutlicher gesehen wird als bei uns. Je weiter man von Europa wegkommt, desto höher werden die Erwartungen, desto größer wird auch die Zustimmung zur Idee der europäischen Einigung. Ich bin immer wieder erstaunt, wie sehr Europa in andern Teilen der Welt als eine große Hoffnung verstanden wird, als ein Modell, das zeigt, dass es möglich ist, einen ganzen Kontinent zu stabilisieren und in eine gemeinsame friedliche Zukunft zu führen. Die Erwartungen an uns sind außerhalb Europas hoch. Aber wir erfüllen sie nicht. Wir sind nach wie vor in einem Zustand, der unseren politischen Bedürfnissen, unserer wirtschaftliche Stärke und unserem wirtschaftlichen Einfluss nicht entspricht, und das wird auf Dauer nicht gehen. Wir werden nicht in der Lage sein, unsere wirtschaftliche Stärke zu behaupten, wenn wir sie nicht politisch absichern können. Wir sehen das ja jetzt, wo es darum geht, globale Regeln für Finanzmärkte zu finden. Wir sehen es in der Welthandelsrunde, aber wir sehen es ganz besonders bei dem globalen Ziel, den Klimawandel zu bekämpfen. Hier wird von Europa mehr verlangt als nur dabei zu sein; hier wird von Europa eine klare Führungsrolle verlangt. Generell erwartet man von uns, dass wir mehr leisten zur Bewältigung der globalen Konflikte und der globalen Probleme, aber wir sind dazu noch nicht wirklich in der Lage. Obwohl wir eine Erfahrung gemacht haben, die ich für wirklich wertvoll halte. Wir haben die Erfahrung gemacht, dass die Idee europäischer Integration ein Erfolgsrezept für die Herstellung von Frieden und Stabilität ist. Sie hat zuerst den Westen des Kontinents befriedet und dann geholfen, die europäische Spaltung zu überwinden Die Erweiterung von 2004 und 2007 wurde unlängst von einer großen amerikanischen Zeitung als einer der seltenen Momente strategischer Weitsicht der Europäischen Union bezeichnet. Ich denke, das ist richtig. Es war ein Moment strategischer Weitsicht, dass wir das getan haben, aber wir sind dabei, diesen großen Erfolg - die adäquate Antwort gefunden zu haben auf den Zusammenbruch der kommunistischen Staatenwelt und das Ende des kalten Krieges - wir sind dabei, das in allerkleinste politische Münze umzuwechseln und zu zerreden.

Es fällt mir schwer, das zu sagen, aber die Wahrheit ist, dass wir es nicht geschafft haben, den politischen und wirtschaftlichen Erfolg der Erweiterung den Bürgerinnen und Bürgern, vor allem in den alten Mitgliedsländern zu vermitteln. Das liegt nicht daran, dass es nicht vermittlungsfähig wäre, sondern es liegt an mangelndem Mut der beteiligten Politiker auf nationaler und manchmal auch auf europäischer Ebene. Es liegt daran, dass manche denken, wir hätten den Menschen im Westen damit zu viel zugemutet und deshalb müsse man jetzt mal eine Pause machen. Mir wurde das sehr schmerzhaft bewusst, weil ich meinen alten Freund Lazăr Comănescu hier vor mir sitzen sehe, mit dem ich über den Beitritt Rumäniens zu verhandeln hatte, dass der Beitritt von Bulgarien und Rumänien am 1. Januar 2007 so organisiert wurde, dass die Europäische Öffentlichkeit möglichst nichts davon merken sollte. So als hätten wir etwas getan, zu dem wir uns nicht mehr so recht bekennen wollen, was nicht so ganz richtig war. Aber das Gegenteil ist wahr: Die Stabilität in Südosteuropa wäre ohne die klare Beitrittsperspektive und dem Beitritt Rumäniens und Bulgariens nicht zu schaffen gewesen. Es hat sich eine gewisse Müdigkeit, wenn nicht sogar eine gewisse Mutlosigkeit in der Alten Welt breit gemacht, und ich möchte dem widersprechen. Ich möchte ganz entschieden sagen: das, was wir getan haben war richtig, war notwendig, es war erfolgreich und es gibt deshalb gar keinen Grund, ein Erfolgsrezept aufzugeben.

Stichwort Türkei: natürlich kann niemand zufrieden sein mit dem Gang der Verhandlungen oder mit dem Gang der Reformen in der Türkei, aber ich möchte Sie gerne an einer Erfahrung teilhaben lassen, die ich gemacht habe in Verhandlungen mit 13 Ländern zur gleichen Zeit, einschließlich der Türkei. Das Maß der Bemühungen, die wir von den Kandidatenländern erwarten dürfen, steht in einem direkten Verhältnis zur Glaubwürdigkeit der Beitrittsperspektive, die wir bieten. Wenn diese Perspektive nicht klar und glaubwürdig ist, wenn die Botschaft nicht rüberkommt: wir wollen euch wirklich, ihr habt das Recht dazuzugehören, wenn das nicht klar ist, dann ist es sehr, sehr schwierig für die verantwortlichen Personen in diesen Ländern, die von uns verlangten, oft sehr tief greifenden, schmerzhaften und anspruchsvollen Reformen auch wirklich durchzusetzen. Das gilt auch für die Türkei. Wer glaubt denn im Ernst, dass eine türkische Regierung zu großen Reformanstrengungen bereit und fähig ist, wenn ihr aus einer ganzen Reihe von Europäischen Hauptstädten regelmäßig entgegenschallt: aber wir wollen euch am Ende doch nicht. Es ist eine Art Teufelskreis. Da sagen die einen: wir haben es schon immer gewusst, die Türken können es nicht, und da sagen die anderen: die Türken können es deshalb nicht, sie wollen es vielleicht auch deshalb nicht, weil die Perspektive nicht glaubwürdig ist. Dabei ist es wohl so, dass wir als Europäische Union die Türkei mehr brauchen als die Türkei die Europäische Union braucht. Dieses Land ist für die politische und ökonomische Zukunft Europas von strategischer Bedeutung, wie kein anderes. Ein Blick auf die Landkarte genügt, das zu erkennen. Übrigens auch im Hinblick, was selten gesagt wird auf unsere Verantwortung für Israel. Wir werden Stabilität in dieser Region niemals erreichen, ohne eine positive Rolle der Türkei. Ich plädiere entschieden dafür, bei der EU Erweiterung keine Rabatte zu gewähren. Die Bedingungen müssen erfüllt werden und wir können und dürfen von der Türkei verlangen, dass sie Rechtsstaatlichkeit, Demokratie und Achtung der Menschenrechte vollständig verwirklicht. Da darf es keinen Nachlass geben, weil die Türkei ein strategisch besonders wichtiges Land ist.

Ich habe erlebt, wie veränderungsbereit und reformfähig dieses Land ist - wir sollten das nicht aufgeben.

Erschreckend langsam gestaltet sich auch der Fortschritt in den Balkanländern, vor allem in den Ländern des ehemaligen Jugoslawien, und auch hier ist es so, dass wir keine andere Chance haben, langfristig Frieden und auch Prosperität in dieser Region zu schaffen, wenn wir sie nicht in die Europäische Integration vollständig einbeziehen. Ein neuer Anstoß, ein neuer Impuls, ein neuer ernsthafter Versuch ist notwendig, um hier voran zu kommen und das gelingt nur mit einer klareren und deutlicheren Perspektive im Hinblick auf den Zeitplan.

Nun ist Erweiterung im Sinne der Vollmitgliedschaft in der Europäischen Union gewiss nicht die einzige Antwort auf die Frage nach der Zukunft unseres Kontinents. Ich habe nicht die Vorstellung, dass das Endziel sein soll, dass der gesamte Europäische Kontinent deckungsgleich ist mit der Europäischen Union. Das kann eines Tages passieren, aber das ist nicht das, was man heutzutage anstreben muss. Da gibt es noch ein zusätzliches Instrument, und da liegt auch eine besondere Verantwortung für uns, nämlich die Verantwortung für den Umgang mit unseren Nachbarregionen. Ich halte Europäische Nachbarschaftspolitik für mindestens genauso wichtig, wie die Erweiterungspolitik. Beides muss sich sinnvoll ergänzen, und da wo wir die politische Integration nicht anstreben können oder wollen oder da wo unsere Partner sie nicht anstreben können oder wollen, da bietet sich eine Perspektive, die auch die richtige Antwort auf die ökonomische Globalisierung ist, nämlich die Schaffung eines integrierten großen Europäischen Wirtschaftsraums, der den gesamten Europäischen Kontinent und die Mittelmeerländer einschließt. Wir haben dafür bereits das Modell des Europäischen Wirtschaftsraums, den wir mit Norwegen, Island und Lichtenstein haben. Die vollständige ökonomische Integration schafft einen Heimatmarkt von fast einer Milliarde Menschen, reich an Rohstoffen, reich an Potential in jeder Hinsicht, der uns in die Lage versetzten würde, mit den schnell wachsenden Volkswirtschaften in anderen Teilen der Welt von gleich zu gleich zu konkurrieren. Nachbarschaftspolitik heißt natürlich, dass man sich besonders bemühen muss um unseren wichtigsten Nachbarn. Unser wichtigster Nachbar ist Russland. Das kann man nicht wegdiskutieren, das kann man sich auch nicht aussuchen. Russland ist nach unserer Vorstellung ein natürlicher strategischer Partner für die Europäische Union. Wir würden einen Fehler machen, wenn wir in Russland nur den Energie- und Rohstofflieferanten sehen würden. Ich denke unser Interesse muss es sein, langfristige Stabilität in diesem wichtigsten Nachbarland zu sichern und dazu zu verhelfen. Und dazu gehört eben auch, dass Russland sich stärker in die Weltwirtschaft integriert, nicht nur als Rohstofflieferant, sondern mit einer eigenen starken industriellen Basis. Dazu gehört aber auch, dass die politischen Grundlagen für Stabilität in Russland beachtet werden, dass man die Lehren aus der Geschichte zieht, denn eines hat sich ja wohl gezeigt: Der scheinbar so monolithische und unverrückbare sowjetische Machtblock, die Sowjetunion, war innerlich verfault und brach zusammen, weil es keine Orientierung an Werten gab, an die die Menschen geglaubt haben. Die Erfahrung, die wir in Europa gemacht haben, ist die, dass ohne einen Konsens über die Werte einer Gesellschaft, langfristige politische Stabilität nicht möglich ist. Und diese Werte heißen Demokratie, Rechtstaatlichkeit und Achtung der Menschenrechte. Das ist etwas, was wir im

Dialog mit Russland einfordern müssen, weil es in unserem Interesse liegt, aber eben genauso im Interesse Russlands.

Lassen Sie mich jetzt einen Schritt weiter gehen, aus dem Nachbarstaat weg und einen Blick auf das transatlantische Verhältnis werfen. Da bin ich vielleicht ein bisschen altmodisch, und in diesen Räumen vielleicht doch durchaus in der Tradition: Ich bin mehr denn je davon überzeugt, dass die transatlantische Zusammenarbeit die entscheidende Allianz für das 21. Jahrhundert sein kann. Die Europäische Union und die USA gemeinsam haben die politische und die wirtschaftliche Kraft, die Gestaltung der Weltpolitik in den vor uns liegenden Zeiträumen maßgeblich zu beeinflussen, aber gemeinsam, jeder für sich alleine schafft das nicht. Diese transatlantische Allianz ist eine natürliche Allianz, denn es gibt keine Region in der Welt, mit der wir durch Kultur, Sprache und Werte so sehr verbunden sind wie mit den Vereinigten Staaten von Amerika, auch wenn immer wieder etwas auftritt, was man in der Diplomatensprache als Irritation bezeichnet, was manchmal auch wesentlich mehr als Irritation ist - das schöne bei den Amerikanern ist ja, es dauert nie länger als 8 Jahre und dann kommt etwas anderes. An der langfristigen Orientierung aber, an den langfristigen strategischen Notwendigkeiten ändert das überhaupt nichts. Ich hatte die Hoffnung, dass sich mit der Erweiterung um die Länder Mittel- und Osteuropas das Amerika-Bild Europas positiv verändern würde und ich sehe ja auch erste Anzeichen dafür. Wir sind aber noch nicht ganz da. Transatlantische Beziehungen bedürfen der besonderen Pflege. Wir haben jetzt ein Fenster der Gelegenheit, dass sich so schnell nicht wieder öffnen wird, mit einem amerikanischen Präsidenten, der den unilateralen Weg für falsch hält, der Partnerschaft wünscht als das Modell von Global Governance. Jetzt wird es sehr darauf ankommen, dass wir unsere Partnerschaftsfähigkeit auch beweisen.

Ich erwähne China als ein Thema, das wir Europäer und die Amerikaner gemeinsam betrachten und bewerten sollten, und es wäre gut, wenn wir in der Lage wären, eine Politik in Bezug auf China zu entwickeln, die wir gemeinsam tragen können. Der Aufstieg Chinas ist keine Frage mehr. Er wird in unserer Öffentlichkeit manchmal etwas übertrieben, nicht jeder weiß in Deutschland z.B., dass die Schweiz mit 8 Millionen Einwohnern für uns immer noch ein wichtigerer Handelspartner ist als China. Das Volumen unseres Handels mit der Schweiz ist größer als das unseres Handels mit China und die amerikanischen Direktinvestitionen in Belgien sind größer, als die in China. Aber wir sehen das Wachstum, wir sehen die Tendenz, wir sehen wie jedes Jahr 50 bis 80 Millionen Menschen neu zu Marktteilnehmern werden, zu Verbrauchern werden, zu Menschen, die Ansprüche stellen an das Leben, die aus der Armut entrissen werden, und das offeriert uns, neben Risiken, die wir alle kennen, eben auch große Chancen.

Aus all dem ziehe ich einen Schluss: Wir müssen als Europäische Union international, global, dialog- und handlungsfähig werden und dazu ist notwendig, dass wir ein echtes Interesse an den Bedürfnissen und den Wünschen, den Traditionen, den Lebensformen der anderen zeigen. Lassen Sie mich das sehr hart sagen: wir werfen manchmal den Amerikanern vor, sie seien zu „Inwardlooking" und sie interessierten sich eigentlich nur für sich selber. Sind wir da sehr viel besser? Betrachten wir nicht die andern Teile der Welt auch im Wesentlichen als eine Projektionsfläche für unsere eigenen Ziele und unsere eigenen Bedürfnisse? Ist unser Weltbild nicht in Wirklichkeit immer noch ganz massiv eurozentrisch? Aber dieses eurozentrische Weltbild ist ein Weltbild von gestern. Es hat keine Chance zu überleben, die Zeit wird darüber hinweg gehen. Deshalb glaube ich, dass das Entscheidende, was wir als Europäische Union tun müssen, die Entwicklung von gemeinsamen außen- und sicherheitspolitischen Handlungsmöglichkeiten ist. Ich sage jetzt ganz bewusst gemeinsam - und die Kenner der Feinheiten wissen, dass es ein Unterschied ist, ob es gemeinsam heißt oder gemeinschaftlich. Ich gehe nicht so weit zu sagen, dass wir in diesem Stadium eine gemeinschaftliche Außen- und Sicherheitspolitik brauchen – das wäre unrealistisch - , aber eine gemeinsame, die den Namen wirklich verdient und die dazu führt, dass wir nicht wie ein aufgescheuchter Hühnerhaufen reagieren, wenn die Welt wieder in eine Krise gerät – das brauchen wir unbedingt. Aber dazu gehört noch etwas, und auch das ist eine harte Wahrheit: Die Vorstellung von Europa als sozusagen dem machtpolitischen Gegenmodell zu den Vereinigten Staaten von Amerika, die Vorstellung von Europa als der Region, die mit menschenfreundlicher soft power die Weltprobleme löst, diese Vorstellung ist eine Illusion. Wir sehen das an den Anforderungen, die an uns gestellt werden, in den Krisenregionen der Welt, und ich finde, dass in dem einen oder anderen Fall die Kritik an uns Europäern gerechtfertigt ist, dass wir unseren Beitrag nicht in dem Umfang leisten, wie wir es sollten, und zwar deshalb, weil wir es nicht können. Wir werden auf dem Weg zu einer gemeinsamen Außenpolitik einen Schritt nach vorne tun können, wenn der neue Vertrag in Kraft getreten ist. Er wird in Kraft treten. Sie müssen sich keine Sorgen machen wegen Präsident Kaszcynski. Auf dessen Unterschrift können wir uns verlassen, ein bisschen mehr Sorgen vielleicht wegen Präsident Klaus, aber auch da bin ich zuversichtlich. Aber gemeinsame Außenpolitik reicht nicht. Wir brauchen dazu auch harte sicherheitspolitische Instrumente. Wenn irgendetwas nach Gemeinsamkeit in Europa schreit, dann ist es die Verteidigung. Das ist auch das, was die Menschen wollen. Wenn Sie Leute fragen, wo sie mehr Europa wollen, wird immer an erster Stelle Außen- und Verteidigungspolitik genannt. Schon aus reinen Effizienzgründen ist es notwendig das zu tun. Wenn wir unsere Verteidigungsaufwendungen in Vergleich setzten zu den Verteidigungsaufwendungen der USA und dann die Effizienz betrachten, dann sehen wir sehr arm aus. Und da ich nicht glaube, dass wir in der Lage sein werden, den Europäischen Gesellschaften zu vermitteln, dass wir die Verteidigungsausgaben erhöhen müssen, ist die einzige Chance, die wir haben, die Effizienzsteigerung und das heißt eben mehr Gemeinsamkeit.

Lassen Sie mich damit übergehen zu dem im engeren Sinne wirtschaftlichen Bereich. Ich hatte ja gesagt, dass es zwei große Aufgaben sind, die wir haben: die politische Rolle und die ökonomische Selbstbehauptung. Es wäre eine Binsenwahrheit, wenn ich Ihnen jetzt anfinge zu erzählen, was Globalisierung bedeutet und wohin sie uns führt. Das setze ich als gegeben voraus, aber was ich nicht als gegeben voraussetze ist, dass wir überall die notwendig intellektuelle Klarheit haben, mit welcher Philosophie wir eigentlich an die ökonomische Gestaltungsaufgabe herangehen. Im Deutschen haben wir ja einen Ausdruck dafür, den es in anderen Sprachen so nicht gibt. Dieser schöne Ausdruck heißt „Ordnungspolitik". Aber was ist eigentlich unsere ordnungspolitische Orientierung? Was ist unser Kompass, unser geistiger Kompass in dieser Situation? Der Kompass muss ausgerichtet sein an der Idee der Freiheit. Europa muss gegen jedweden

Protektionismus oder gegen jedweden ökonomischen Nationalismus, meinetwegen auch ökonomischen Regionalismus stehen. Wir müssen für offenen, freien Welthandel und für faire und gleiche Wettbewerbsbedingungen stehen, weltweit. Wir dürfen es den Europäischen Unternehmen zutrauen, sich dem Wettbewerb zu stellen. Die können das auch, sie sind wettbewerbsfähig, aber die Wettbewerbsbedingungen müssen fair und gleich sein.

Die große ökonomische Aufgabe vor der wir in Europa stehen, ist eine doppelte. Wir sind dabei, eine zweifache Transformation gleichzeitig zu bewältigen: die Schaffung der Knowledge-based economy und die Schaffung der Low-carbon-economy. Beides versteht sich von selbst. Knowledge-based-economy deshalb, weil wir nicht konkurrieren können, wo wir schwach sind, ja wir wollen es nicht einmal. Ist hier etwa irgendjemand, der glaubt, wir sollten mit Billiglohnländern konkurrieren um möglichst niedrige Löhne? Wollen wir das in Wahlkämpfen den Bürgerinnen und Bürgern in Zukunft sagen, es gehe darum, möglichst niedrige Löhne zu bezahlen? Das ist absurd. Sondern wir müssen da konkurrieren, wo wir stark sind, mit Leistung, Qualität, Innovation und das heißt, uns am oberen Ende der Wertschöpfungskette zu positionieren, also die Knowledge-based-economy. Die Low-carbon-economy ist eine Notwendigkeit, weil die Gefahren des Klimawandels, aber darüber hinaus auch insgesamt der zu starken Abhängigkeit von fossilen Energiequellen inzwischen nicht mehr wegdiskutiert werden können. Beides gleichzeitig zu realisieren verlangt eine Politik, die sicherstellt, dass wir eine starke industrielle Basis in Europa behalten. Es ist ein Denkfehler zu sagen, wir können ökologische Probleme durch De-Industrialisierung lösen. Diesen Denkfehler hat es gegeben, ich sage das nicht ohne Grund. De-Industrialisierung löst ökologische Probleme nicht, sondern im Gegenteil, vergrößert sie, weil der Dreck dann anderswo entsteht und in noch stärkeren Umfang. Eine starke eigene industrielle Basis verlangt Führung bei der Technologiefähigkeit. Herr Oetker hatte darauf hingewiesen, dass ich dazu vor wenigen Tagen eine Mitteilung der Kommission vorgelegt habe, die sich mit der Frage beschäftigt, was für Technologien wir in Europa in den vor uns liegenden Jahrzehnten beherrschen müssen. Es ist das erste Mal, dass wir so etwas gemacht haben. Daraus muss man nun auch die Konsequenz ziehen, das als notwendig Erkannte tatsächlich zu tun. Das Interessante ist, dass wir dieselben Technologiefelder identifiziert haben, die Präsident Obama in einem Politikdokument der Amerikanischen Regierung auch identifizierte. Und letztlich läuft es alles hinaus auf Innovationsfähigkeit. Innovation ist der Schlüssel zu beidem, zur Schaffung der Knowledge-Based-Economy und zur Schaffung der Low-Carbon-Economy. Innovation wird uns im übrigen helfen, endlich den unfruchtbaren Gegensatz zwischen Ökonomie und Ökologie zu überwinden. Dieser Gegensatz hat uns viele Jahre Zeit gekostet. Wir können die ökologischen Probleme lösen, und zwar durch die richtige Wirtschaftspolitik, durch die richtigen wirtschaftspolitischen Instrumente. Umgekehrt gilt auch, dass die Konzentration auf nachhaltige Produkte, auf umweltfreundliche, energieeffiziente und ressourcenschonende Produkte neue ökonomische Möglichkeiten eröffnet, denn der Bedarf dafür wird weltweit immer größer werden. Die künftige Lissabon-Strategie, also unsere Strategie für Wachstum und Beschäftigung, wird sich deshalb konzentrieren müssen, noch mehr als bisher, auf die Schlüsselsektoren, die wir brauchen, um Innovation zu erreichen. Mithin müssen wir uns viel mehr konzentrieren auf Bildung und auf Forschung und Entwicklung und Investition in moderne Infrastruktur. Ich bin nicht sicher, wie schnell wir dahin kommen werden, die vorhandenen knappen Mittel anders zu steuern, aber hohe Effizienzsteigerungen sind möglich, wenn wir den Mitteleinsatz optimieren. Wenn wir z.b. unsere Forschungslandschaft ansehen, wenn wir die großen europäischen Programme ansehen, und das kritisch genug tun, dann werden enorme Effizienzgewinne möglich. Und noch eins: das alles kann nur gelingen, wenn wir bei einer Wirtschaftspolitik bleiben, die auf die unternehmerische Initiative und die unternehmerische Freiheit setzt. Wir brauchen eine unternehmensfreundliche Politik in Europa, und es ist ein Irrtum zu glauben, dass eine unternehmensfreundliche Politik eine arbeitnehmerfeindliche Politik ist. Das Gegenteil ist richtig, denn es sind die Unternehmen, die die Arbeitsplätze schaffen, nicht die Politiker. Der Irrtum wird zwar gern verbreitet, aber es ist trotzdem ein Irrtum. Die Politik kann den Unternehmen die Vorraussetzungen dafür erleichtern, zu wachsen, Gewinne zu machen, zu investieren, und Arbeitsplätze zu schaffen. Sie kann es aber nicht selber tun und deshalb sind Initiativen nötig, wie Abbau unnötiger Belastungen durch zu viel Bürokratie oder den Abbau von Handelsbarrieren zwischen uns und unseren wichtigen Handelspartnern zu bestärken, die sich aus hunderten, wenn nicht tausenden von unterschiedlichen technischen Vorschriften ergeben. Wir befinden uns ja immer noch in einer Krise. In dieser Krise haben wir eine ganze Menge wichtiger Dinge gelernt. Der ideologische Kampf der letzten 15 Jahre, ob Märkte reguliert werden sollen oder nicht, ist nun entschieden. Das marktradikale angelsächsische Modell hat sich als ungeeignet erwiesen und das von unseren amerikanischen und britischen Freunden gelegentlich belächelte Modell der Sozialen Marktwirtschaft hat sich doch als das stärkere und das bessere herausgestellt. Eine Marktwirtschaft also, die zwar auf unternehmerische Freiheit, unternehmerische Initiative und Privateigentum setzt, aber in einem stabilen Rechtsrahmen, einem stabilen ökologischen Rahmen und einem stabilen sozialen Rahmen. Was gilt für alle Märkte, gilt eben auch für die internationale Finanzindustrie, die global straff reguliert werden muss. Ich sehe mit einer gewissen Sorge, dass der Elan zu einer straffen Regulierung der internationalen Finanzindustrie zu kommen, schon etwas nachlässt.

Die Krise ist nicht vorüber. Wir sehen erste Anzeichen der Entspannung, aber ich würde das noch sehr vorsichtig beurteilen. Es lauert bereits die nächste Gefahr: wir haben die Krise bekämpft mit einem Aufblähen der öffentlichen Haushalte, mit einer exzessiven Staatsverschuldung; in den Jahren 2009/2010 wird die öffentliche Verschuldung in Europa um 20 Prozentpunkte, gemessen am Bruttosozialprodukt, steigen. Und das ist natürlich eine Hypothek für die Zukunft, die deshalb untragbar ist, weil sie bewältigt werden muss in einer Zeit tief greifenden demografischen Wandels. Ich habe vor ein paar Tagen eine Statistik des internationalen Währungsfonds gesehen, die uns zeigt, dass die Kosten, die wir zur Bewältigung des demografischen Wandels aufwenden müssen, ungefähr das 20fache von dem sind, was die Krisenbewältigung bisher gekostet hat. Und vor diesem Hintergrund unterstütze ich uneingeschränkt die Politik der Kommission, die sagt: Haushaltsdisziplin ist jetzt wieder das Gebot der Stunde. Die Exit-Strategie, die wir brauchen, jetzt wo sich die Krise möglicherweise ihrem Ende nähert, muss als wesentliches Element die schnelle Rückführung der öffentlichen Verschuldung und die Wiederherstellung solider, konsolidierter und möglichst ausgeglichener Haushalte haben. Eine gewaltige Aufgabe für alle und sicherlich ganz besonders für unser eigenes Land.

Damit bin ich beim letzten, was ich sagen möchte: ein paar Erwartungen an die nächste deutsche Regierung, die sich gerade bildet. Ich tue das aus europäischer Perspektive. Ich will mich nicht einmischen in die Innenpolitik. Aber mir ist es heute schon wichtig zu sagen, dass es im Interesse unseres Landes ist, das gemeinschaftsfreundliche Land in Europa schlechthin zu bleiben. Ich habe gerade hier neben mir die Bilder zweier früherer Außenminister gesehen, mit denen ich einen Teil meines politischen Lebens gemeinsam verbracht habe. Hans-Dietrich Genscher und Klaus Kinkel. Beide würden dem zustimmen und beide haben eine solche Politik betrieben. Deutschland hat das stärkste Interesse an einer starken und funktionierenden Gemeinschaft und idealer Weise gibt es keinen Interessengegensatz zwischen nationalen deutschen Interessen und europäischen Interessen. Um gemeinschaftsfreundlich zu bleiben, wird es notwendig sein, der Deutsch-Französischen Partnerschaft und der Deutsch-Polnischen Partnerschaft eine neue stärkere Perspektive zu geben. Ich sage beides in einem Satz, weil wir von der moralischen Notwendigkeit, aber auch von der strategischen Zweckmäßigkeit her, dem Deutsch-Polnischen Verhältnis dieselbe Aufmerksamkeit schenken müssen, wie dem Deutsch-Französischen. Ideal wäre es, wenn die Achse Paris-Berlin-Warschau das Europäische Kraftzentrum sein könnte, das die Europäische Integration vorantreibt. Jetzt noch etwas ganz Praktisches adressiert an die Damen und Herren, die im Augenblick zusammensitzen um die nächste Koalition zu schmieden: die deutsche Europapolitik ist nicht optimal organisiert. Wenn ich die großen Länder in der Europäischen Union vergleiche, dann ist es so - und ich gebe zu, dass es nicht ganz unsympathisch ist -, dass das größte und stärkste Land sich nicht so effizient organisiert wie andere. Es mag sympathisch sein, aber es ist nicht richtig. Es liegt auch im europäischen Interesse, dass die deutsche Europapolitik konzentrierter wird und vor allen Dingen besser koordiniert. Das ist das Alltagsgeschäft, über das ich jetzt rede und ich will Sie nicht mit Einzelheiten behelligen, sondern Ihnen nur die Schlussfolgerung sagen: Die Zeiten sind vorbei, wo man Europapolitik als Außenpolitik betrachten konnte. Die Außenminister treffen sich regelmäßig, aber die Außenminister in persona kommen nur zum Mittagessen, wenn im engeren Sinne über europäische Außenpolitik gesprochen wird. Die Auswärtigen Ämter machen die Europapolitik schon lange nicht mehr, nirgendwo. Die Europapolitik wird in den Regierungszentralen gemacht, und ich möchte für Deutschland sagen: da gehört sie auch hin. Die koordinierende Funktion der Europapolitik gehört in die Regierungszentrale. Wie man das macht in einer Koalition und wie man das im Einzelnen organisiert, ist nicht meine Sache, aber das muss man im Kopf endlich mal klar kriegen, dass es so, wie das im Augenblick in Deutschland läuft, nicht optimal funktionieren kann. Ich sage das auch im Hinblick auf das Verfassungsgerichtsurteil, das ja die innenpolitische Dimension der Europapolitik viel stärker in den Vordergrund gerückt hat. Das muss auch Folgen haben für die Regierungsorganisation und das Regierungshandeln. Die Bundeskanzlerin, Frau Merkel, hat für sich in Europa eine Führungsrolle erkämpft, das ist richtig. Und ich glaube, sie würde mir nicht widersprechen, wenn ich sage, dass diese Führungsrolle auch ein nationales Fundament braucht, ein starkes nationales Fundament. Ein nationales Fundament dadurch, dass in Deutschland die richtigen europapolitischen Schwerpunkte gesetzt werden. Wenn ich einen Wunsch äußern dürfte, dann wäre es der, dass die deutsche Politik ein insgesamt positives Verhältnis zu Europa entwickelt und nicht länger zulässt, dass die Europäische Einigung in diesem Land von jedem heruntergeredet werden darf, dem gerade danach ist. Man darf sich nicht wundern, dass die Zustimmung zur Europäischen Einigung in dem Land, das am stärksten darauf angewiesen ist, ja weswegen sie überhaupt stattfindet, nämlich in Deutschland, sinkt, wenn Europa heruntergeredet und schlecht gemacht wird.

Wenn immer nur schlecht über etwas geredet wird, darf man nicht erwarten, dass die Menschen sich ihm begeistert zuwenden. Ich verlange wahrlich keine unkritische Betrachtung, sondern durchaus eine kritische, aber eine faire. Ich finde, dass die erfolgreiche deutsche Ratspräsidentschaft im Jahre 2007 unter einem besonders gelungenem Motto stand, und erinnere noch einmal an das, was ich eingangs gesagt habe: das Prinzip, mit dem wir Europa voranbringen wollen, kann nur das Prinzip der Partnerschaft sein. Ich fand das sehr schön ausgedrückt, und das soll deshalb mein letzter Satz sein, in dem Motto der Deutschen Ratspräsidentschaft von 2007: Europa gelingt nur gemeinsam.

Schönen Dank!

Ein Wort zum Abschluß

Dieser Besuch von Herrn Kommissar Verheugen gewinnt für uns zusätzliche Bedeutung, wenn ich daran erinnere, dass es im Europa der 27 immerhin 654 „Hohe Schulen" gibt, von denen die Universität Siegen eine ist, die heute die große Freude und Ehre hatte, von Ihnen, verehrter Herr Kommissar Verheugen, den Zuschlag bekommen zu haben.

Aus Ihrer Ansprache habe ich so viel Sinnstiftung für das europäische Einigungswerk als Gegenstand akademischer Lehre und Forschung herausgespürt, dass ich Sie, ja wir Sie alle, als Civis Academicus honoris causa unserer Hochschule in bester Erinnerung behalten werden.

Im Gespräch im Wagen vom Oberen Schloss kommend, haben Sie einen für mich sehr wichtigen Satz gesagt: „Und ich denke: das ist das Allerwichtigste, dass ein jeder von uns an seinem Platz, ganz egal wo er steht, ganz besonders aber für diejenigen, die öffentliche Ämter begleiten, ist, - niemals nur eine lokale, eine regionale oder eine nationale Verantwortung zu tragen. - Es gehört immer auch eine europäische Verantwortung dazu. Ich möchte alle ermutigen, diese Verantwortung wahrzunehmen."

Ich würde mich sehr freuen, wenn Sie, Herr Kommissar, Ihren Kolleginnen und Kollegen in der Europäischen Kommission kurz berichteten, dass heute von Siegen urbi et orbi ein Signal ausgeht, die Europäische Union als Friedensunion zu stärken.

Nochmals ganz herzlichen Dank! Herr Kommissar Verheugen, bleiben Sie uns bitte gewogen!

Wirtschafts- und Sozialordnung – FRANZ-BÖHM-KOLLEG

EU-Industriekommissar *Günter Verheugen* (re.) im Gespräch mit
Bodo Gemper im Auditorium Maximum der Universität Siegen.

Kapitel 2

Vorbemerkung zum zwölften *Franz-Böhm-Kolleg*

Im Jahre **1962** legt die Europäische Kommission ihren ersten Vorschlag für eine Wirtschafts- und Währungsunion, das Marjolin-Memorandum, vor. Dann folgt **1964** ein Ausschuss, bestehend aus den Mitgliedern der zentralen Notenbanken, mit dem Ziele, die Zusammenarbeit dieser Banken bezüglich der Geld- und Währungspolitik zu institutionalisieren.

Im Dezember des Jahres **1969** beschließen die Mitglieder der Europäischen Wirtschaftsgemeinschaft, an einem Plan für die Errichtung einer Wirtschafts- und Währungsunion zu arbeiten. Dieser Bericht über ihre etappenweise Verwirklichung in drei Stufen wird als Ergebnis einer Arbeitsgruppe, die von dem seinerzeitigen Ministerpräsidenten von Luxemburg, Pierre Werner, geleitet wird, im Jahre **1970** vorgelegt.

Im Jahre **1979** wird das Europäische Währungssystem, das EWS, gegründet. Im Juni des Jahres **1988** beauftragt der Europäische Rat einen Ausschuss von Fachleuten, unter Leitung des Franzosen Jacques Delors Vorschläge zur Verwirklichung einer Währungs- und Wirtschaftsunion auszuarbeiten. Dieser berichtet bereits im Mai des folgenden Jahres dem Europäischen Rat, der unverzüglich im Juni **1989** dessen Verwirklichung beschließt. Die erste Stufe der Währungsunion beginnt im Juli **1990**, die zweite Stufe im Januar **1994**, zugleich mit dem Beschluss, ein Europäisches Währungsinstitut zu errichten.

Im Juni **1998** werden die Europäische Zentralbank, die EZB, sowie das Europäische System der Zentralbanken, ESZB, geschaffen. Die dritte Stufe dieser europäischen Währungsunion beginnt am 1. Januar **1999**: Anstelle des Ecu wird der Euro (€) einheitliche Währung des Euro-Währungsgebietes. Die Umrechungskurse für die ehemaligen nationalen Währungen der teilnehmenden Mitgliedstaaten werden unwiderruflich festgelegt, es ist der Anfang einer einheitlichen Geldpolitik - zunächst für eine Buchwährung - im Euroraum.

Im Januar **2002** beginnt die Euro-Bargeldeinführung: Euro-Münzen und -Banknoten gelangen in Umlauf und sie sind bereits Ende Februar alleiniges gesetzliches Zahlungsmittel im Euro-Währungsgebiet.

Die weltweite Banken- und Finanzkrise stellt nicht nur die 27 Mitglieder der Europäischen Union, sondern auch die 16 Euro-Länder und damit ganz besonders auch die Europäische Zentralbank vor unerwartete Herausforderungen und vor eine besondere Bewährungsprobe: Beispielsweise als Ausdruck politischer Schwäche national aufkeimende „Protektionismen", aber auch „Subventionswettläufe" währungspolitisch strictissime abzuwehren.

Die erfolgreiche Geschichte der europäischen Einigungsbestrebungen, die weit vor In-Kraft-Treten der Römischen Verträge beginnt, beweist, dass die hochgesteckten Integrationsziele nur mit dem sich gleichzeitig herausbildenden Europabewusstsein erreichbar sind. Das gilt auch für die Stabilität der gemeinsamen europäischen Währung und damit für das Europäische Währungssystem, also auch für den Euro.

Zur Erinnerung:
Bereits im Jahre **1944** formiert sich in Bretton Woods, U.S.A., eine internationale Währungsordnung: **1945** ebnet der Gold-Devisen-Standard den Weg zu freiem Handel, der es Westeuropa ermöglicht, sich zu einem robusten Widerlager für die Brücke über den Atlantik zu festigen, über die sich sehr schnell die politischen und wirtschaftlichen Beziehungen zur Atlantischen Gemeinschaft verdichten und sie zu einem Vorbild für eine weltweite Öffnung der Märkte werden lassen.

Am 19. September **1946** erregt Winston Churchill in Zürich mit seiner „Vision der Vereinigten Staaten von Europa" Aufsehen, verbindet er doch mit seinem Plädoyer für eine „Franco-German Friendship" eine hoffnungsvolle Perspektive: „to make all Europe, or the greater part of it, as free and happy as Switzerland is to-day. ... It is to create the European fabric, or as much of it as we can, and to provide it with a structure under which it can dwell in peace, safety, and freedom."

Weitere Persönlichkeiten wie Konrad Adenauer, Alcide de Gasperi, Walter Hallstein, Robert Schuman, Paul-Henry Spaak, ... stehen für diesen wegweisenden europäischen Denkprozess, Westeuropa nach dem Zweiten Weltkrieg entscheidend in Freiheit zu stabilisieren. Walter Euckens ORDO-Gedanke und Ludwig Erhards erfolgreiche „Politik der Sozialen Marktwirtschaft" sollte Westeuropa zu einer der - neben dem Schweizer Franken - stabilsten Währungen in der Welt verhelfen und die DM bis zur Einführung des EURO aufgrund der Nachhaltigkeit der Stabilitätspolitik der Deutschen Bundesbank zur Ankerwährung Westeuropas avancieren lassen.

Die Römischen Verträge, unterzeichnet in Rom am 25. März **1957** und am 1. Januar **1958** in Kraft getreten, sind unter allen Integrationsbemühungen der gelungenste Wurf in das Dunkel der Zukunft, getragen von Hoffnungen, die sich anfänglich jeglicher vorstellbaren „Horizontprognose" noch weitgehend entziehen.

Diese Verträge zur Gründung der Europäischen Gemeinschaften, der Europäischen Wirtschaftsgemeinschaft (EWG) und der Europäischen Atomgemeinschaft (Euratom), die demjenigen zur Gründung der Europäischen Gemeinschaft für Kohle und Stahl (EGKS), unterzeichnet in Paris am 18. April 1951gefolgt waren, tragen maßgeblich dazu bei, den Spielregeln der Marktwirtschaft und dem Freihandelsprinzip zur Geltung zu verhelfen und schließlich einen europäischen Währungsraum zu schaffen.

Am 19. März **1958** konstituiert sich die „Gemeinsame Versammlung" der Europäischen Gemeinschaften, die Keimzelle des Europäischen Parlamentes, unter der Präsidentschaft von Robert Schuman.

Wir sollten uns dieses weitsichtigen Denkens und Wirkens dieser Europäer der ersten Stunde stets bewusst bleiben und allen Menschen die Erkenntnis nahe zu bringen versuchen, dass das vereinte Europa mehr ist als eine am Materiellen ausgerichtete Wirtschafts- und Sozialunion, sondern es eine Haltung voraussetzt, die nicht im Bewusstsein endet, lediglich durch das Vertrauen der Bürger in eine gemeinsame Währung miteinander verbunden zu sein, - sondern die ihre Bürger einander auch zu Verbündeten werden lässt bei der Verteidigung der Werte der Freiheit in einer christlich-abendländisch geprägten Kultur, wenn auch in einem säkularisiertem Umfeld.

Der Fachbereich Wirtschaftswissenschaften, Wirtschaftsinformatik und Wirtschaftsrecht der Universität Siegen sieht in Lehre und Forschung einen Schwerpunkt in einer „systematischen Europa-Orientierung", insbes. auf den Gebieten der Geld- und Währungspolitik der Europäischen Zentralbank, der Steuer- und Haushaltspolitik der Europäischen Union, des Deutschen und Europäischen Wirtschaftsrechts und Europäischer Ordnungspolitik in Bachelor- und Masterstudiengängen „Economics" sowie möglicher Promotion zum Dr. rer. pol. und Dr. jur.

Das Mitglied des Direktoriums der Europäischen Zentralbank für dieses Franz-Böhm-Kolleg zu gewinnen und es zu hören, ist optimal: Herrn Professor Dr. Jürgen Stark, den ehemaligen Vizepräsidenten der Deutschen Bundesbank zu bitten, auch jungen Menschen aus dem Fundus seiner reichen stabilitätspolitischen Erfahrung als Mitglied des Direktoriums der Europäischen Zentralbank zu berichten: Vom Standpunkt des bisher Erreichten die erwünschte Entwicklung des Euro-Währungsraumes als Voraussetzung für die Konsolidierung des Einigungsprozesses in der Stunde der Bewährung bei der Bewältigung einer weltweit ausgreifenden Vertrauenskrise. Vor dem Hintergrund einer nach 80 Jahren wieder aufgetauchten Weltwirtschaftskrise das Auditorium in dieser ernsten Stunde zu sensibilisieren für die Verantwortung, die die Europäische Zentralbank trägt, Wege aus der Banken- und Finanzkrise zu weisen: Werden es die Kräfte des Marktes schaffen, das Fehlverhalten autistischer Akteure zu korrigieren? Oder werden die Folgen der von dieser Hybris betrogenen Bürger sowie der die Völkergemeinschaft erfassten Probleme nur durch Hinzuziehung öffentlicher Hände gelingen? Sicher ist: Geldpolitik kann weder ordnungspolitische Defizite noch solche struktureller Natur ausgleichen. Für eine politische Währungsunion, die dieses Ziel der Stabilität nicht mehr nur wirtschaftlich im Wettbewerb mit den Kraftzentren U.S.A und Japan, sondern auch mit neuen mächtigen sich entwickelnden Wettbewerbern in Asien bestehen muss, ist die überfällige institutionelle Reform der Institutionen der EU eine conditio sine qua non.

Diese Gedanken zur Krisenbewältigung werden auf fruchtbaren Boden fallen:

- in einer noch strukturlabilen Industrieregion, aber doch bestehend aus sowohl gesunden mittelständischen Unternehmen als auch Bildungsinstitutionen, deren Wurzeln jedoch in einer geschichtsträchtigen Kulturlandschaft mit noch intakter Natur tief verankert sind,

- in einem sozial noch konsonantem Umfeld, in welchem der Mensch als geborene Freiheit in persona respektiert wird, als Persönlichkeit, die verantwortungsbewusst solidarisch handelt,

- in einer im Wandel begriffenen Region mit einer Universitätsstadt im Zentrum, die sich der Stärken ihrer natürlichen Standortfaktoren bewusst werden muss.

Die Gäste haben die Chance, aus erster Hand informiert zu werden, ihren Blick zu schärfen für die Bestimmungsgründe zur nachhaltigen Stärkung der Euro-Währung als Identifikationsobjekt europäischer Gemeinsamkeit.

Dieses Franz-Böhm-Kolleg, mit inhaltlichem Bezug zu meinem Seminar „Wirtschaftspolitik für Fortgeschrittene: Europäische Wirtschaftspolitik", würdigt erneut vor dem Vorstellungshorizont junger Menschen und deren Interessen diesen notwendigen Prozess sich vertiefender Europäischer Einigung und seiner Gestaltung als eines zukunftsfähigen Stabilitätsraumes, gegründet auf einer gemeinsamen Währungs-, Wirtschafts- Sozialordnung in Freiheit.

Grissenbach an der Sieg, am 27. Februar 2009   Bodo Gemper

Bodo Gemper

Auf ein Wort

„Ubi stabilitas, ibi libertas, - ubi libertas, ibi stabilitas:

„Denken in Ordnungen"

Meine sehr verehrten Damen und Herren!

Wenn wir jetzt Herrn Professor Stark sehr herzlich begrüßen, dann tun wir das im Wissen, dass er Zeugnis ablegt von der Geisteshaltung all derer, die in der Europäischen Zentralbank (EZB) wirken, und dass Herr Professor Stark zu uns gekommen ist trotz der höchsten Verantwortung, die gerade in diesen Wochen und Monaten auf dieser Zentralbank - und ganz besonders auf ihm, dem Chefvolkswirt der Europäischen Zentralbank, lastet. Ganz herzlichen Dank für diese liebenswürdige Geste!

Seien Sie ganz herzlich willkommen bei uns, Herr Professor Stark!

Herr Professor Stark, Sie haben sich stets, auch bereits als Vizepräsident der Deutschen Bundesbank, sowie als Stellvertreter des Bundesbankpräsidenten im EZB-Rat, redlich bemüht, die Stabilisierungspolitik im Direktorium der Deutschen Bundesbank, wie nun auch im Direktorium der Europäischen Zentralbank, den Bürgern verständlich zu machen.

Und heute tun Sie das problemorientiert ganz nahe vor Bürgern der Stadt Siegen, aber auch vor Studierenden und Lehrenden der Universität Siegen sowie vielen Gästen, die sich freuen, Sie zu hören.

Unter diesen Gästen erkenne ich auch Herrn Oberstudiendirektor *Herbert Hoß*, den Rektor des Friedrich-Flick-Gymnasiums, jetzt städtisches Gymnasium Kreuztal, mit seinen Schülern, sowie Herrn Uwe Geldermann, den Stellvertretenen Leiter des Berufskollegs Olpe, mit seinen Studierenden. Seien Sie ganz herzlich willkommen!

Mein herzlicher Dank gilt jetzt Herrn Bürgermeister Mues der Stadt Siegen, insbesondere auch dafür, unseren Gast zum Eintrag in das Goldene Buch der Stadt Siegen eingeladen zu haben.

Sehr herzlich begrüße ich jetzt wieder einen sehr freundlichen Herrn, der während seiner aktiven Berufstätigkeit aus der Generaldirektion XVI der Kommission der Europäischen Gemeinschaften in Brüssel, uns mit seinen regelmäßigen Vorlesungen und Vorträgen über Semester hinweg in den Jahren 1990 bis 1997 und dann weiterhin mit Gastvorlesungen, aber auch mit seinen Beiträgen in unserer Hochschulzeitschrift „DIAGONAL" „als lebende Primärquelle", wie er es selber nennt, uns aus erster Hand die „Strukturpolitik der Europäischen Gemeinschaft" erklärt und verständlich gemacht hat.

Herr Dr. Egon Schoneweg hat als Freund des Fachbereichs Wirtschaftswissenschaften im Siegerland nachhaltige Spuren hinterlassen. Herzlich willkommen lieber Herr Dr. Schoneweg.

Wenngleich ich der Deutschen Bundesbank als Prima inter pares der europäischen Zentralbanken noch hin und wieder nachtrauere, so habe ich, aber auch meine Kollegen, Herr Professor Helmut Gemünd und Herr Professor Jan Franke-Viebach, bei regelmäßigen Besuchen zusammen Studierenden, die Ehre hatten und haben, von der EZB eingeladen zu werden, erlebt, dass der Stabilitätsgeist von Frankfurt am Main, den die Deutsche Bundesbank geschaffen hatte, in der EZB sein neues Heim gefunden hat. An der Kaiserstraße 29 wird in Frankfurt am Main keine Symbolpolitik betrieben, wie sie in der gewöhnlichen Parteipolitik sehr häufig geübt wird. Nein, hier geht es um das Ganze! Das Gesamtschicksal Westeuropas als Stabilitätsgemeinschaft!

Die Europäische Zentralbank ist als Hüterin der Stabilität zwar nur für eine gemeinsame Währung verantwortlich ist, und das für eine Währung von 16 Volkswirtschaften!

Die EZB trägt stabilitätspolitische Verantwortung für ein integrationspolitisches Einigungswerk, das genau betrachtet, sich politisch doch immer noch deutlich aus Nationalstaaten zusammensetzt.

Wie Sie, Herr Dr. Stark, sehe ich eine sehr wichtige Aufgabe darin, schon junge Menschen für das Denken in Zusammenhängen zu interessieren, damit diese aus sich selbst heraus motiviert, ihr Bestes zu geben versuchen.

Bestimmt werden Sie heute nicht von Bedenkenträgern beunruhigt. Wir alle sind unabhängige Personen, die ihr Handwerk verstehen, und sich nicht in die Niederungen der Politik begeben, in denen derzeit so mancher mangels der Fähigkeit, Probleme und deren Lösung in Zusammenhängen zu beurteilen, seine eigene Unsicherheit hinter unbegründbaren Gefahrenszenarien zu vernebeln und unverantwortlich zu verallgemeinern trachtet.

In einem zeitlich relativ kurzen Kolleg gilt es, zügig an das Problemfeld heranzuführen, - ich werde meine Gedanken jeweils an Beispielen demonstrieren, wobei ich Sie bitte, daraus keine parteipolitischen Bekundungen von mir sehen zu wollen. „Ähnlichkeiten wären rein zufällig"!

Erstens: Bei Franz Böhm habe ich an der Universität Frankfurt am Main gelernt, dass die Vermittlung der Fähigkeit des „Denkens in Ordnungen" eine zentrale Rolle spielt, weil dieses systematische Denken sehr hilfreich ist, um sich umfassend orientieren zu können.

Zweitens: Bei Ludwig Erhard und seiner „Politik der Sozialen Marktwirtschaft" kann man erfahren, dass „Wirtschaftspolitik aus einem Guß" - wie er schreibt - die wirksamste Stabilitäts- und Beschäftigungspolitik ist. Diese Politik wird aber von diesem Denken in Ordnungen bestimmt.

Drittens: Ludwig Erhard und Konrad Adenauer erzielten in der Wahl zum 3. Deutschen Bundestag am 15. September 1957 als erste deutsche Parteiformation CDU/CSU mit der Parole, „Keine Experimente", in freier Wahl eine absolute Mehrheit der abgegebenen gültigen Stimmen, zusammen nämlich 50,2 %! Die SPD hatte beachtliche 31,8 % erreicht. Wobei ein Geheimnis des Erfolgs der Erhardschen Politik das Vertrauen der Bürger in diesen Politiker und in sein Konzept „Soziale Marktwirtschaft" gewesen ist.

Und gegenwärtig? In der vergangenen Bundestagswahl am 18. September 2005, erreichten CDU/CSU zusammen lediglich 35,2 %, und die SPD 34,2 %. Wie aber sieht es kurz vor der Wahl zum 17. Deutschen Bundestag aus?

Die Umfrage vom Wochenende - am 24. 04. 2009 - im ZDF-Politbarometer bald vier Jahre später zeigt: Die politische Stimmung billigt der CDU/CSU 41 %, der SPD jedoch lediglich 27% zu.

Bei angenommenen Wahlen erzielte die CDU/CSU 37 %, bzw. die SPD 26 %. Das wäre für beide kein Ruhmesblatt im Geschichtsbuch.

Von 50 auf 37 % bei den Christlich-Sozialen und von 32 auf 26 % bei den Sozialdemokraten, - das ist wahrlich kein Ausweis von Beliebtheit im Volke!

Woran liegt diese Legitimationsschwäche begründet?
- Vermissen wir nicht allesamt Orientierung?
- Und bieten uns diese „Regierungsparteien" Orientierung?
- Können wir auf die Politik vertrauen?
- Erweckt die politische Klasse bei uns Bürgern Vertrauen?
- Können wir auf Aussagen der Politikerinnen und Politiker immer vertrauen?
- Können wir sie überhaupt verstehen, was sie sagen?

Wenn ich die Debatten im Deutschen Bundestag verfolge, dann fällt es mir selbst schwer, diese Aussagen zu verstehen, wenn ich sie in der „Debatten-Dokumentation" nachlese.

Ein positives Beispiel hingegen bietet die Europäische Zentralbank. Sie ist die Institution, die wirklich ganz solide Orientierung bietet. Ihre Verlautbarungen sind grundsolid und man kann sie verstehen: sowohl die Texte, die sehr sauber ausgearbeitet und ebenso eindeutig klar formuliert sind, als auch den Inhalt, aber auch die Zusammenhänge und die daraus zu ziehenden Schlussfolgerungen, sind nachvollziehbar und überzeugend. Das ist tröstlich:

Gleiches gilt beispielsweise für Darlegungen von Herrn Prof. Axel Weber von der Deutschen Bundesbank in Frankfurt am Main. Aus seinen Schriften spricht sachliche Kompetenz.

Seine Aussagen vermitteln Vertrauen, weil ihre darin vermittelten Botschaften als vertrauenswürdig empfunden werden.

Was aber ist Vertrauen?

Vertrauen muss sich entwickeln. Es entsteht nicht von selbst! Dieses Vertrauen entwickelt sich, wenn den Worten stets auch die dazu gehörigen Taten folgen! Wir müssen einem Politiker etwas abnehmen, was er sagt. Das hießt, ihm zu vertrauen.

Ein Beispiel:
Jedes ernst gemeinte Wort, das Bundeskanzler außer Diensten Helmut Schmidt äußert, wird vermutlich von jedem von uns gewürdigt.

Wir schätzen und wir vertrauen auf sein Urteil. Wir setzen auf seine grundsolide, ehrlich gemeinte Aufrichtigkeit. - Warum? Weil Schmidt erkennbar geradlinig denkt, schonungslos aufrichtig ist, zuverlässig ist, - weil er Kompetenz ausstrahlt. Und, Helmut Schmidt denkt in geschichtlichen Dimensionen, also in Ordnungen!

Allerdings Führen setzt voraus, dass andere folgen. Da können schon Mehrheiten einmal irren: Ich denke an den NATO-Doppelbeschluß, den Helmut Schmidt politisch durchgesetzt hat, den aber die SPD gar nicht mitgetragen hat.

Rückblickend war diese vernünftige Entscheidung von gleicher Bedeutung für den Fall des Eisernen Vorhangs wie das Wirken von Lech Wałęsa in Polen, Papst Johannes-Paul II oder Michail Sergejewitsch Gorbatschow.

Ist aber gegenwärtig das unerlässliche Denken in Ordnungen noch erkennbar, das daraus erwachsendes Vertrauen in die Politik bildet?

Geld ist für die Deutschen etwas sehr Berührendes. Stabiles Geld beruht auf Vertrauen! Die Banken- und Finanzkrise ist eine Vertrauenskrise! Denn der Begriff Kredit kommt von „credere", lat. glauben, vertrauen. Sie alle wissen, dass damit gemeint ist die zeitweise Überlassung von Kaufkraft für kürzere oder längere Zeit. Man setzt dabei in den Schuldner das Vertrauen, dass er die festgelegten Zinsen entrichtet und diesen Geldbetrag zum vereinbarten Termin wieder zurückzahlt.

Die Höhe des Krediertes, den man als ordentlicher Bankkaufmann gewährt, bestimmt sich nach der Vertrauenswürdigkeit eines Schuldners.

Kredit zu gewähren heißt, Vertrauenswürdigkeit, gesetzt in die Zahlungsfähigkeit und Zahlungsbereitschaft des Kreditnehmers. Im übertragenen Sinne Glaubwürdigkeit. Den Wert von Geldwertstabilität haben wir Deutschen aus Leid erfahren, in der Geschichte verinnerlicht! In Ost wie West!

Neben der Sehnsucht nach Freiheit war in Westdeutschland das Vertrauen in die DM, die Ludwig Erhard nach 1948 verkörperte, das Sinnbild für die harte Mark. Und in der Tat, hatte sich die DM doch „vom Besatzungskind zum Weltstar" entwickelt. Sie war sogar „Ankerwährung in Europa"!

Wirtschafts- und Sozialordnung – FRANZ-BÖHM-KOLLEG

Nicht zu vergessen: die DM wurde sogar zum die deutsche Einheit stiftenden Movens, als im Jahre 1989/90 sehr viele Bürger im Osten Deutschlands, also in der DDR skandierten: „Kommt die D-Mark nicht nach hier, gehen wir zu ihr." – In Dresden, in Jena, in Leipzig oder in Ost-Berlin.

Nicht ohne Grund hat Walter Eucken, auf dessen Wirken ich gleich noch eingehen werde, in der Hierarchie der Grundsätze der Wirtschaftspolitik nach dem „Grundprinzip", nämlich der „Herstellung eines funktionsfähigen Preissystems vollständiger Konkurrenz zum wesentlichen Kriterium jeder wirtschaftspolitischen Maßnahme", in unmittelbarem Anschluss daran betont, dass „die Währungspolitik ... für die Wettbewerbsordnung ein Primat ... besitzt."

Damit wird deutlich, warum es richtig war, dass die erste und vornehmste Aufgabe der Deutschen Bundesbank als Zentralbank der Bundesrepublik Deutschland war und ist, dafür zu sorgen, „mit Hilfe (ihrer) währungspolitischen Befugnisse, die ihr nach dem ... (Bundesbankgesetz) zustehen, den Geldumlauf und die Kreditversorgung der Wirtschaft mit dem Ziel, die Währung zu sichern ..." (Bundesbankgesetz (alt), § 3). Und, dass die Deutsche Bundesbank politisch unabhängig war und ist: „Sie ist bei der Ausübung der Befugnisse, die ihr nach dem Gesetz zustehen, von Weisungen der Bundesregierung unabhängig" (Bundesbankgesetz (neu), § 12).

Auch im Protokoll über die Satzung des Europäischen Systems der Zentralbanken und der Europäischen Zentralbank haben die Bestimmung aus dem Bundesbankgesetz Eingang gefunden.

Nach Artikel 105 Absatz 1 des Vertrages zur Gründung der Europäischen Gemeinschaft „ist das vorrangige Ziel der Europäischen Systems der Zentralbanken, die Preisstabilität zu gewährleisten" wobei das vorerst nur für das Eurosystem" gilt, solange nicht alle EU-Mitgliedstaaten auch den Euro eingeführt haben.

Unabhängigkeit der EZB hat „verfassungsmäßigen' Status". „In Artikel 108 des EG-Vertrags ist der Grundsatz der Unabhängigkeit der Zentralbanken für das Euro-Währungsgebiet festgeschrieben".

Dass dieser Stabilitätsgedanke so deutlich in das System der Europäischen Zentralbanken übertragen worden ist, - daran hat Herr Professor Stark maßgeblich mitgewirkt!

Ein Beispiel dafür, wie eine solide öffentliche Finanzwirtschaft geführt und von wem die solide Finanzpolitik verantwortet werden sollte und auch geführt werden kann: In meinen jüngeren Jahren war ich u. a. von 1966 bis 1970 als wiss. Referent im WWI, dem Wirtschaftswissenschaftlichen Institut der Gewerkschaften, tätig und hatte in diesem Forschungsinstitut auch die Ehre, einen großen der Finanzminister zu erleben: Herrn Dr. Alex Möller. Er war Bundesminister der Finanzen von 1969-1971.

Man nannte ihn hochachtungsvoll den Genossen Generaldirektor, kam er doch als Vorstandsmitglied von der Karlsruher Lebensversicherungs-AG.

Alex Möller zählt neben Fritz Schäffer, Franz-Josef Strauß oder Gerhard Stoltenberg zu den kompetentsten Finanzministern, die Westdeutschlands Bundesfinanzen führten.

Möller trat persönlich wie politisch stets sehr korrekt auf. Er verbarg keine Unsicherheit hinter flotten Sprüchen. Und, obwohl er selbst aus führenden Positionen der Gewerkschaft der Eisenbahner kam und somit den Gewerkschaften sehr zugetan war, verhielt er sich diesen - wie allen anderen sozialen Organisationen und politischen Einflussträgern - gegenüber sachlich distanziert.

Möller war sehr interessiert, die Vorstellungen der Sozialpartner unmittelbar zu erfahren. Natürlich auch die der Gewerkschaften. So meldete er sich einmal zu einem Besuch im DGB in Düsseldorf an, und zwar im Wirtschaftswissenschaftlichen Institut der Gewerkschaften, und nicht beim DGB-Vorstand! Die Bosse wurden bei seinem Besuch ins Institut heruntergebeten. Und aus dieser Begegnung ist mir noch ein Satz von ihm unvergesslich, als er äußerte, dass er als Sozialdemokrat es als eine sehr große Ehre empfinde, jetzt als Bundesfinanzminister für das Schicksalsbuch der Nation verantwortlich zu sein.

Am vergangenen Donnerstag (23. 04. 2009) stand im Polit-Talk bei Frau Maybrit Illner im ZDF die Frage im Zentrum: „Verbrennt der Staat unsere Steuergelder?" So deutlich, wie bei Frau Illner, wurde die Finanzpolitik meines Wissens noch nicht an den Pranger gestellt. Muss diese – leider realistische Fragestellung – nicht besonders nachdenklich stimmen? Ist das Vertrauen in unsere Finanzordnung schon so weit erschüttert? Wo doch Vertrauen in die Währung kaum höher eingeschätzt werden kann. Seit dieser Zeit vergleiche ich die Finanzminister unserer Tage mit Alex Möller.

Da werde schon nachdenklich, wenn ich sehe, wer gegenwärtig mit unserem Schicksalsbuch der Nation, dem Bundeshaushalt, betraut wird und ich frage mich, ob wir es verdient haben, dass inzwischen drei Bundesminister der Finanzen in Folge bereits abgewählte Ministerpräsidenten sind.

Allein die Abwrackprämie ist für mich finanz- wie ordnungspolitisch in dieser Form indiskutabel.

Stellen Sie sich bitte nur einmal vor, Ludwig Erhard hätte im Jahre 1950 mit gleich simpler Gemütsverfassung den Westdeutschen nahe gelegt, alte Stahlhelme oder Volksempfänger zu sammeln, und gegen Vorweisung eines Verschrottungsbelegs jedem Käufer eines neuen Kochtopfs oder Radios aus den Marshallplangeldern, die Westdeutschland zunächst nur als Kredit der USA an Westdeutschland gewährt worden waren, eine bzw. 10 Deutsche Mark als Prämie zu zahlen. Das Wirtschaftswunder wäre wegen Verschleuderung dieser kostbaren Dollars in Form einer Verschrottungsprämie ganz bestimmt ausgeblieben.

Der amtierende Finanzminister macht neue Schulden für Schrott!

Für Konjunkturpolitik ist das bestimmt nur kurzfristig wirksam, aber doch viel zu teuer.

Wirtschafts- und Sozialordnung – FRANZ-BÖHM-KOLLEG

Denken Sie bitte daran, dass die Steuerzahler der USA für den gesamten Marshallplan 13 Milliarden US-Dollar – als Hilfe zu Selbsthilfe - aufgebracht haben, von denen Westdeutschland (ich wähle den zu erfahrenden günstigsten Wert: 1,6 Milliarden US-$ erhielten. Das waren - bei einem Wechselkurs von 4,20 DM für 1 US - $ 6,73 Mrd. DM. Verglichen mit den Finanzjongleuren heute, waren die Marshallplangelder Peanuts. Peanuts á la Deutschbanker Hilmar Kopper sind rund 50 Mill. DM, also etwa 25 Mill. €.

Verglichen mit dem soliden Haushaltsgebaren und der Vertrauenswürdigkeit von Alex Möller ist die Finanzpolitik in Berlin Ergebnis eindimensionalen Denkens: einseitig – wie die Abwrackprämie beweist. Denn diese und andere Maßnahmen sind

- strukturpolitisch falsch, soweit lediglich auf eine Branche gerichtet (Automobil),
- ordnungspolitisch falsch, die Drohung mit Verstaatlichung einer so genannten systemrelevanten Bank zerstört Vertrauen in den Investitionsstandort Deutschland,
- finanzpolitisch falsch, weil schuldenfinanziert und zudem generationenschädlich.

Bei dieser Finanzpolitik – und das gilt auch für die Sozialpolitik - fehlen die sozialen Strebebögen, wie sie in der Sozialen Marktwirtschaft Erhards existierten, die - vergleichbar der Statik bei einem gotischen Dom: – denken Sie bitte an den Hohen Dom zu Köln -, die Verstrebungen, die die Belastung des Bauwerks in das breite Fundament ableiten und damit – finanzpolitisch gesehen - die einzelnen Bürger, aber eben auch die Leistungsträger entlasten:

Gerade der Mittelstand wird von dieser Politik der Grossen Koalition finanziell ausgetrocknet.

Mein Klassenlehrer, Herr Dr. Mittenzwei, der im Juni 89 wird, nennt diese eindimensional urteilenden Politiker, die Probleme lediglich punktuell betrachten, „Dreiviertelköpfe". Ich nenne es Unterholzzivilisation: Ein Funke genügt, um es zu entzünden.

Worum aber geht es bei vertrauenswürdiger Politik, die auf einem „Denken in Ordnungen" beruht und die Probleme perspektivisch beleuchtet? Ganz im Sinne von Walter Eucken, dem Nestor der Freiburger Schule des Ordo-Liberalismus.

Geht es nicht immer um Strukturen, um Über- und Unterordnung? Dabei handelt es sich darum, Zusammenhänge und Interdependenzen, also gegenseitige Abhängigkeiten zu erkennen und auch verstehen zu lernen.

In einer freiheitlich-demokratisch strukturierten Gesellschaft gilt der Satz: „Ordnen heißt, in Freiheit ordnen" (Leonhard Miksch).

Dieses Ordnen aber ist ein mehrdimensionaler Prozess:

Da ist zum einen die zeitliche Dimension, wovon die Geschichte zeugt.

Es ist die horizontale Sicht. Dabei geht erstens der Blick zurück, auf - wie Dolf Sternberger schreibt – auf „die geschehene Geschichte, an der wir nichts (mehr, B.G.) ändern können", und

die zweite Dimension ist, „die Geschichte, die mit uns anfängt, die Geschichte, die *wir* machen" (Hervorh. v. mir) (Sternberger 1963).

Denken in Ordnungen aber zeichnet sich durch die dritte Dimension aus. Das ist die vertikale Sicht: Es ist das hierarchische Ordnen, - also das Ordnen nach Prioritäten.

Kurz gesagt, was wir hier tun müssen, das ist nichts anderes als ein Ordnen nach einheitlichen Gesichtspunkten, wobei wir beim System angelangt wären.

Und das führt uns zum systematischen Denken: Ein System aber ist nichts anderes als ein nach einheitlichen Gesichtspunkten geordnetes Ganzes!

Hier erkennen Sie, warum Stichworte, wie „Systemische Krise" oder „Systemrelevantes Unternehmen bzw. Systemrelevante Bank" jetzt öfters zu hören oder zu lesen sind. Gemeint ist, dass es Teile eines Ganzen gibt, die man nicht herauslösen darf, um die gesamte Konstruktion nicht zu schwächen, ins Wanken oder gar zum Einsturz zu bringen.

Beispiele: Während die Hypo Real Estate (HRE) in der Tat „ein systemisches Risiko darstellt, ... weil die Kosten eines Dominoeffektes weiterer Bankenzusammenbrüche unvergleichlich höher ausfallen würden." (Wolfgang Franz 2009), ist dieses Risiko bei der Opel AG ein anderes.

Und was heißt Vertrauen in der Wirtschaft zu setzen?

Herr Bürgermeister Mues hat am vergangenen Sonntag (26. April 2009) in einem Podiumsgespräch im Biennale-Zelt vor dem Apollo-Theater Siegen eine ebenso wahre wie einfache Lösung empfohlen, - nämlich, sich wieder an die Grundsätze der Sorgfalt des Kaufmanns zu erinnern, wie sie im HGB (Handelsgesetzbuch) stehen! Stichworte: Firmenwahrheit; Diligence of a prudent businessman, seien erwähnt.

§ 347 HGB definiert diese „Sorgfalt eines ordentlichen Kaufmanns" und gebietet, ich zitiere: „Wer aus einem Geschäft, das auf seiner Seite ein Handelsgeschäft ist, einem anderen zur Sorgfalt verpflichtet ist, hat für die Sorgfalt eines ordentlichen Kaufmanns einzustehen"! Ende des Zitats.

Zu dieser Sorgfalt sollte man zuerst im Elternhaus angehalten werden, dann in der Schule, ganz besonders aber spätestens an einer Hochschule.

Ein hervorragendes Beispiel für Sorgfalt, die durch das Denken in Ordnungen gewährleistet wird, ist mit besonderem Bezug auf unseren Festvortrag – das von mir bereits angesprochene Primat der Währungspolitik, wie es Walter Eucken postuliert.

Was verbindet sich mit dem Namen Walter Eucken?

Walter Eucken ist einer der ganz großen wissenschaftlichen Ökonomen. Er lebte von 1891-1950. In der Genealogie der Nationalökonomen, deren Wirken bis dato nachhaltigen Einfluss ausübt, ist er in der ersten Reihe derer zu nennen, die - wie er auch - als Politische Ökonomen dachten: Adam Smith (1723-1790), Karl Marx (1818-1883, John M. Keynes (1883-1946), Alois Schumpeter (1883-1950), Ludwig Erhard (1897-1977), Wilhelm Röpke (1899-1966) oder Milton Friedman (1912-2006).

Walter Eucken, der Sohn des Literaturnobelpreisträgers (1908) Rudolf Eucken, hat als Wirtschaftswissenschaftler ein Werk geschaffen, das eine hochgradig umfassende Bildung Ihres Schöpfers bezeugt.

In der Haltung und dem Eintreten für Stabilität im allgemeinen, in der Betonung von Stabilität der Währung, geht, wie ich Ihnen kurz verdeutlichen möchte, intellektuell die Bildung mit einer Fachdisziplin eine schöpferische Symbiose ein.

Walter Eucken ist der Begründer des Ordo-Gedankens, Ordo, lateinisch Ordnung, - daher auch des „Denkens ins Ordnungen".

Eucken ist, wie bereits erwähnt, der Nestor der Freiburger Schule des Ordoliberalismus, die den geistigen Nährboden der Sozialen Marktwirtschaft abgibt, wobei Franz Böhm – zu dessen Gedenken ich diese Kollegs nach ihm benannt habe – nicht nur für Walter Eucken, sondern auch für Ludwig Erhard ein enger Mitstreiter gewesen ist.

Die Persönlichkeit Walter Eucken als Leitbild ist ein sehr gutes Beispiel dafür, in welch hohem Maße umfassende Bildung zu Denkleistungen mit bleibendem Wert führt: Den hohen Bildungsstand, den Eucken erkennen lässt, bezeugt sein gesamtes Werk. Euckens Persönlichkeit kennzeichnet ein ausgeprägter Sinn für Ordnung.

Wie stark er Ordnung in dem ihn umgebenden Leben vermisst, beschreibt er in einem Brief (vom 25. 05. 1919) an seine Mutter, als er ihr vom Besuch einer Ausstellung berichtet, worin es u. a. heißt, ich zitiere:

„Ein typisches Zeichen unserer Zeit: Einfach ein Chaos. Ein wüstes Durcheinander. Der eine hat starke Formen, der andere überhaupt keine, der eine ist Naturalist, der andere will Ausdruck, der dritte einen Rhythmus. Und das schlimmste, daß eigentlich keiner wirklich gut ist, außer etwa Marc."[1]

Mit Blick auf die von W. Eucken selbst miterlebte „Weltwirtschaftskrise von 1929 bis 1933 und in ihr den Zusammenbruch zahlreicher Währungen" (Eucken (1940)), fragt er, „Wie ... es zu dem schweren Sturz der Preise, zu der Arbeitslosigkeit und der Produktionsschrumpfung (kam)" (Eucken (1940) 1947).

Und seine Antwort?
„Man muß das Verfahren am Werke sehen, um die Frage zu lösen, und nur die Untersuchung der geschichtlichen Wirtschaft selbst kann die Entscheidung bringen." (Eucken (1940) 1947). Diese Entscheidung aber heißt Ordnung, eine Ordnung

---

[1] *Franz Marc*, Maler und Graphiker (1880-1916). Mitbegr. d. „Blauen Reiters."

herzustellen. Eucken schreibt: „Der Wirtschaftsprozeß läuft stets und überall innerhalb einer geschichtlich gegebenen Wirtschaftsordnung ab. Die geschichtlich gegebenen, positiven Ordnungen mögen schlecht sein; aber ohne Ordnung ist überhaupt ein Wirtschaftsleben undurchführbar." (Eucken (1940) 1947). Das ist der Grund dafür, dass in der Koalitionspolitik zu Berlin sich wieder Chaos ausbreitet, weil dieses Denken in Ordnungen fehlt, ein Defizit, das ja nicht unwesentlich zu dieser Finanzkrise selbst beigetragen hat. Dabei denke ich an die jeweilige nationale Finanzaufsicht, wie beispielsweise in Deutschland an die häufig genannte BaFin: die Bundesanstalt für Finanzdienstleistungsaufsicht. Auch hier fehlt die Bodenhaftung und die Erdung, von der ich schon gesprochen habe, weil dieses Denken in Ordnungen erst die Erdung herstellt. Denn ohne diese ordnungspolitische Bodenhaftung verpuffen alle Gedanken im Nichts.

Und Eucken belehrt uns des Besseren, wenn er schreibt: Denn erst - so schreibt er - „Mit dieser Erkenntnis der Wirtschaftsordnung und des Wirtschaftsablaufs ... ist die Aufgabe gelöst, - in dem scheinbaren Chaos einzelner Tatsachen ist Einheit und Zusammenhang entdeckt" (Eucken (1940) 1947). Charakteristisch für Euckens ordnungspolitisches Werk ist die Erkenntnis, daß es einer „Denkende(n) Gestaltung der Ordnung" bedarf (Eucken (1940!), weil „die moderne industrialisierte Welt im Zuge ihrer Entwicklung nicht von selbst brauchbare Wirtschaftsordnungen erzeugt, daß sie also gewisser Ordnungsgrundsätze oder einer Wirtschafsverfassung bedarf" (Eucken (1940). Dieses sind die „Grundsätze der Wirtschaftspolitik", die auch den Titel seines zweiten Hauptwerkes abgeben, das seine Frau Edith Eucken (und K. Paul Hensel) nach Euckens frühem Tod 1950 in London, 1952 herausgegeben hat.

Das Prinzip der „Konstanz der Wirtschaftspolitik" ist ein zentrales Erfordernis der Verstetigungspolitik in einer marktwirtschaftlichen Ordnung, die sich auf ein wohldurchdachtes Konzept stützt, als Grundlage für eine konsequente Wirtschafts- als Stabilitätspolitik. Das führt uns zu einer Stabilisierungspolitik aus einem Guß.

Damit tritt die Bedeutung umfassender Bildung wieder ins Licht:

Denn Walter Eucken denkt tiefgründig, fragt nach der Substanz, er denkt nachhaltig, wenn er erkennt, dass „ein sozialethisches Wollen ohne Verbindung mit der ökonomischen Sachlogik ... ebenso ohnmächtig (ist), wie andererseits die wirtschaftliche Sachlogik nicht zur Auswirkung kommt, wenn nicht (zugleich, B.G.) ein soziales Ordnungswollen die Gestaltung der Formen beeinflusst" (1952). Hier treten Gedanken des Humanisten Friedrich Schiller in sein Denken, derer er sich bei seinem Erkenntnisprozess maßgeblich bedient und auf dessen Thesen er sich auch beruft, wie in diesem für ihn zentralen Punkt: Eucken erkennt, Schiller zitierend, dass „Nur wo die Masse schwer und gestaltlos herrscht und zwischen unsicheren Grenzen die trüben Umrisse wanken, ... die Furcht ihren Sitz, " – hat und dementsprechend „Jedem Schrecknis... der Mensch überlegen (ist), sobald er ihm Form zu geben und es in sein Objekt zu verwandeln weiß" (Schiller, zit. bei Eucken 1952).

Mit dem Ordo-Gedanken verleiht Walter Eucken der Freiburger Schule Gestalt: Vermittels gesetzter ordnungspolitischer Rahmenbedingungen – soll die „Aera des Laissser faire" beendet werden, indem „die Gestaltung der Wirtschaftsordnung ...

als besondere staatliche Aufgabe angesehen" wird, um dem „Zustande des Laissez-faire" (Eucken 1948) marktkonform Einhalt zu gebieten. Damit wird eine von sozialer Verantwortung geleitete freiheitliche Wirtschaftsordnung geboren, der Ordoliberalismus. Es ist die freiheitliche Antwort auf die soziale Frage, die schon bald ihre praktische Lösung erfährt, als Ludwig Erhard in diesem „Denken in Ordnungen" Euckens mit seiner „Politik der Sozialen Marktwirtschaft" den erfolgreichen „Dritten Weg" zwischen liberalistischem Kapitalismus und marxistischem Sozialismus findet. Es ist die einzige bekannte ordnungspolitisch sinnstiftende Ausnahme von der Regel: „tertium non datur."

Schillers Persönlichkeit und Lebenshaltung
Was bewegt Friedrich Schiller, die Lebensbedingungen, ganz besonders die wirtschaftlichen Zusammenhänge zu erkennen und die dazu ordnenden Faktoren so deutlich ins Visier zu nehmen?

Verschiedene Gesichtspunkte sind es wert, darüber nachzudenken. Die ersten Aspekte sind grundsätzlicher Natur, die weiteren persönlich bedingt:

1. Der Humanist
   Friedrich Schiller ist ein Humanist, gilt doch für Schiller: „Der moralisch gebildete Mensch, und nur dieser, ist ganz frei." (Schiller (1793). Also keinesfalls der „krankhafte Geizhals" (Eucken 1940), - Wohl aber der opferbereite Mensch, der „aus ethisch-religiösem Pflichtbewusstsein" (Eucken 1940) handelt. In dem Bestreben, „Unser menschliches Jahrhundert herbey zu führen haben sich – ohne es zu wissen oder zu erzielen – alle vorhergehenden Zeitalter angestrengt." (Schiller (1789).

2. Der Idealist
   Schiller ist zudem Idealist: „Bei dem Schönen stimmen Vernunft und Sinnlichkeit zusammen, und nur um dieser Zusammenstimmung willen hat es Reiz für uns." (Schiller (1793) 1848: 12-14). Als einen Idealisten weist Schiller auch sein „Geschichtsoptimismus" aus, der „ganz im Zeichen der Aufklärung" steht (Theml 199). Dass Schiller sowohl Humanist, als auch Idealist ist, lässt die letzte Strophe von Schillers „Die Bürgschaft", erkennen.[2]

   Der König: „Und blicket sie lange verwundert an; / Drauf spricht er: ‚Es ist euch gelungen, / Ihr habt das Herz mir bezwungen; / Und die Treue, sie ist doch kein leerer Wahn; / So nehmet auch mich zum Genossen an; / Ich sei, gewährt mir die Bitte, / In eurem Bunde der dritte.'"

   Es ist somit nicht nur die Verwirklichung humanistischer Ideale durch Wohlstand bildendes freies Wirtschaften, die Schiller den Sinn für pragmatisches Denken in ökonomischen Zusammenhängen schärft.

3. Der Pragmatiker

---

[2] Bodo Gemper (2009): Friedrich Schiller und Walter Eucken. Ein „Denken in Ordnungen". In: Die Neue Ordnung, 63. Jg., 6/2009, S. 436-449.

Es ist auch Schillers Pragmatismus, wie ein Brief Schillers an Goethe aus „Jena (vom) 21. Jul. 97." belegt, der Schiller leitet, wenn er schreibt: „Die schönste und die fruchtbarste Art, wie ich unsere wechselseitige(n) Mitteilungen benutze und mir zu eigen mache ist immer diese, daß ich sie unmittelbar auf die gegenwärtige Beschäftigung anwende, und gleich produktiv gebrauche. Und wie Sie in der Einleitung zum Laocoon sagen, daß in einem einzelnen Kunstwerk die Kunst ganz liege, so glaube ich muß man alles Allgemeine in der Kunst wieder in den besonderen Fall verwandeln, wenn die Realität der Idee sich bewähren soll. Und so, hoffe ich, soll mein Wallenstein und was ich künftig von Bedeutung hervorbringen mag das ganze System desjenigen, was bei unserm Commercio in meine Natur hat übergehen können, in Concreto zeigen und enthalten."

4. Der Realist
Schiller bleibt auf dem Boden der Tatsachen. Dieses legen ihm seine persönlichen Lebensumstände nahe. Denn er ist sich bewusst, dass allein das Erhabene, bezogen „auf unsere Lebenskraft ... eine Macht (ist), gegen welche die unsrige in nichts verschwindet." (Schiller 1793).

Dasjenige nun, das Schiller einen Realisten sein lässt und - verglichen mit Goethe - deutlich in die Grenzen weist, ist „das Ringen um seine Existenz als Bürger und Schriftsteller." Es ist sein „Kampf um verläßliche Lebensverhältnisse." Dieser Existenzkampf geht so weit, dass Schiller, bei verkleinerter Zahl der Hörer, die Kolleggelder der Studierenden, also die Gebühr, an seiner Vorlesung teilnehmen zu dürfen, erhöht (Theml 1999). Er weiß: „Und es herrscht der Erde Gott, das Geld."

Was macht Friedrich Schiller so aufgeschlossen für wirtschaftlich und sozial determinierte Lebensklagen? Die Antwort? Obwohl Schiller bereits zu Lebzeiten als einer der ganz Großen gilt, sieht er sich dennoch sehr lange Zeit schweren Lebensverhältnissen ausgesetzt, - muß er sich seinen Lebensunterhalt als Intellektueller und Poet sehr mühsam erarbeiten, sprich: erschreiben.

Vielleicht ist es gerade diese bedachte wirtschaftliche Gestaltung seines Daseins und doch magere Lebensweise, die einen Dichter und Denker zu gedanklicher Fülle und sogar zu geistigen Höhenflügen, mithin zu menschlicher Größe verhilft. Denn da, wo die Rahmenbedingungen eingeschnürter Lebensbedingungen dem Lebenskünstler keine großen Sprünge erlauben, ist die Versuchung nahe liegend, aus dem wirtschaftlich beengten Raume auszubrechen, ja, günstigsten Falles sogar aufzusteigen und als Intellektueller bei „genügsamer" Lebensführung sich geistig Spielräume zu erschließen, die dem Saturierten in seiner Bequemlichkeit verschlossen bleiben, weil ihn ein „juste milieu" in spießbürgerlicher Enge gefangen hält.

Ist es nicht wunderbar formuliert, wenn Schiller schreibt - in Abgrenzung zum „Brodgelehrten": Aber „der philosophische Geist findet seinen Gegenstand, in seinem Fleiße selbst, Reiz und Belohnung. Wie viel begeisterter kan er sein Werk angreiffen, wie viel lebendiger wird sein Eifer, wie viel ausdauernder sein Muth und seine Thätigkeit seyn, da bey ihm die Arbeit sich durch die Arbeit verjünget. Das Kleine selbst gewinnt Größe unter seiner schöpferischen Hand, da er dabey immer das Große im Auge hat, dem es dienet, ..." (Schiller 1789). Folglich gelangt Schiller zu einer wichtigen sozialphilosophischen Erkenntnis: „ ... aber der Mensch musste sich erst durch eine ausserordentliche Anstrengung zur Gesellschaft erheben." (Schiller 1789).

Das führt uns zur landsmannschaftlichen Herkunft Schillers.

5. Der Schwabe

Nicht zu vergessen, Friedrich Schiller ist Schwabe, geboren vor 250 Jahren in Marbach am Neckar. Sein Lebenslauf gibt diesbezüglich Auskunft bis zu seiner Tätigkeit als Arzt 1781/82 in Stuttgart. Mit Respekt hat Schiller bei der Beschreibung „der gegenwärtigen Gestalt der Welt, die wir bewohnen", zu seiner Zeit (1789) schon die Bedeutung hervorgehoben, die „der menschliche Fleiß" und „starke Menschenhand" haben, um durch Beharrlichkeit und Geschicklichkeit die Früchte zu ernten, „die Genuß und Arbeit" hervorbringen.

Und damit komme ich zum Ergebnis:

Schiller wie Eucken denken in räumlicher und zeitlicher Dimension. Sie denken weit blickend. So ist Schiller ein früher Europäer, wenn nicht sogar im Denken ein Weltbürger. Denn in diesem „großen Weltlaufe", ist für Schiller nicht lediglich eine Floskel, denkt er doch in grenzüberschreitender Dimension, und zwar nicht nur über die Landesgrenze hinaus, sollte man „in seinen Berufsgeschäften" doch nicht vergessen, „seine Thätigkeit an das große Ganze der Welt anzuschließen" (Schiller (1789), wie viele erfolgreiche Schwaben es taten. Man denke an Johannes Keppler, Albert Einstein oder Ferdinand Graf von Zeppelin.

Auch Eucken hat den „europäisch-amerikanischen Kulturkreis" im Blick und zieht „den nordamerikanischen Sektierer des 18. Jahrhunderts oder den japanischen Bauern" in Betracht, „soll und muß" doch nach seiner Ansicht „erreicht werden", dass „Die Auswirkungen, welche geistig-seelische Besonderheiten der einzelnen Menschen oder einzelner Zeiten oder einzelner Schichten und Völker auf den konkreten Wirtschaftshergang jeweils ausüben, erfasst werden" (Eucken (1940).

Schiller übt den Weitblick auch über die unmittelbaren Zeitläufte hinaus, ist ihm doch „die Weltgeschichte ein erhabenes Objekt." (Schiller 1793). Er präzisiert: „Die Welt, als historischer Gegenstand, ist im Grunde nichts anderes als der Konflikt der Naturkräfte untereinander selbst und mit der Freiheit des Menschen, und (über, B.G.) den Erfolg dieses Kampfes berichtet uns die Geschichte." (Schiller 1793).

Hier offenbart sich die fachliche Nähe Euckens zu Schiller als den Historiker, wenn Eucken bemerkt: „Man muß tiefer blicken, um das Verhältnis der klassischen Nationalökonomie zur Geschichte zu verstehen", hat doch „die Geschichtsschreibung ... gezeigt, wie mühsam diese Entwicklung war und wie mit der dauernden Verfeinerung der Wirtschaftsrechnung die Betriebsführung ihren

Charakter änderte und damit auch die wirtschaftliche Entwicklung beeinflusste" (Eucken 1940).

Da schreiben zwei zutiefst im Leben stehende Bürger, die davon überzeugt sind, von dem was sie äußern, - Schiller wie Eucken.

Jena, Geburtsstätte des Ordoliberalismus

Walter Eucken hat die Grundlagen des Ordoliberalismus im geistig fruchtbaren Klima an der Saale entwickelt!

Wir befinden uns im Jahre 1939, als Walter Eucken vor 70 Jahren das Manuskript für sein erstes Hauptwerk abschließend, dem Verlag Gustav Fischer in Jena anvertraut: „Die Grundlagen der Nationalökonomie" erscheinen in Jena 1940. Herr Dr. Johannes Mittenzwei wagt sogar die These: „Es kann ohne Übertreibung gesagt werden, daß die Idee der Sozialen Marktwirtschaft auf den humanistischen Werten der Jena-Weimarer Klassik fußt" (2009).

„Zweifellos waren es die starken Bindungen Euckens an die Werte der Weimarer Klassik, vor allem seine Bewunderung Friedrich Schillers, dessen Humanitätsidee und Freiheitsgedanken ihn davor bewahrten, sich wie die meisten Deutschen von Hitlers Parolen verführen zu lassen. Schiller erkannte, wie wichtig das Studium der Geschichte ist, um aus ihren Erfahrungen zu lernen, damit wir in Zukunft vor Schaden bewahrt bleiben. Schillers Jenaer Antrittsvorlesung ‚Was heißt und zu welchem Ende studiert man Universalgeschichte?' als Professor der Philosophie am 26. Mai 1788, kann als Vermächtnis, Mahnung und wichtige Botschaft an die nachfolgenden Generationen verstanden werden" (Mittenzwei).

Stille Hoffnung

So könnten wir – das ist meine Überzeugung - optimistisch in die Zukunft schauen, wenn wir uns wieder derer besinnen, denen wir in Deutschland heute noch unsere geistige, wirtschaftliche und soziale Stabilitätskultur verdanken. Denn wer sich ihre nachwirkenden Lehren bewusst macht und sich befleißigt, diese zu beherzigen, der lernt nicht nur von Goethe: „Wer immer strebend sich bemüht, den können wir erlösen", sondern der erfährt auch von Schiller, worauf es ankommt, denn „Nur Beharrung führt zum Ziel!"

Friedrich Schiller beflügelt noch nach zwei Jahrhunderten das Nachdenken derjenigen, die der klassischen Bildung teilhaftig wurden: nicht nur das wissenschaftstheoretische ‚Vordenken', sondern auch das nationalökonomische ‚Nachdenken', - hat es doch nachvollziehbar sowohl Euckens Einstimmung auf den ORDO-Gedanken mit geleitet und damit dem Ordoliberalismus den Weg geebnet, sondern auch Ludwig Erhards Politik der Sozialen Marktwirtschaft mit geformt. Diese Stabilitätspolitik, die sich - im geistigen Widerhall dieser Freiheit erheischenden Klassik - konzeptionell als eine von sozialer Verantwortung geprägte Architektur für eine „formierte Gesellschaft" erweist, baut „auf dem Prinzip einer die ... sozialen Gegensätze überspannenden Solidarität" auf (Erhard 1966), die vorbildlich ist. Selbst Ludwig Erhards Ziel: „Wohlstand für alle", hat Friedrich Schiller schon im Blick: „Des Volkes Wohlfahrt ist die höchste Pflicht!"

Damit schließt sich der Kreis, ganz im Sinne von Friedrich Schiller: „Im engern Kreis / verengert sich der Sinn, / es wächst der Mensch / mit seinen größeren Zwecken."

Ebenso wie Eucken von Schiller, so wird Erhard durch Eucken zu einer sorgfältig vorausbedachten Wirtschaftspolitik als Ordnungspolitik angeregt, die sich während der fünfziger und sechziger Jahre des vergangenen Jahrhunderts als äußerst erfolgreiche sozial verantwortliche Währungs- als Stabilitätspolitik erweist. Ihre konstitutiven Ziele heißen Freiheit, Verantwortung, Sicherheit und Wohlstand, die aber, sobald sie erreicht sind, auch ständig zu pflegen und - im Bewusstsein der Verantwortung jedes Einzelnen für die Gesellschaft - zu bewahren sind.

Sollte uns das nicht hoffnungsvoll stimmen? Allein eine ernsthafte Rückbesinnung auf diese Erfolgskriterien genügte, Deutschland wieder politischen Halt zu verliehen, sind doch die Grundprinzipien Euckens zur Stabilisierung von Währung und Wirtschaft zeitlos gültige Richtwerte für sozial verantwortliche Orientierung der Politik geblieben. Dieses gilt ganz besonders auch für den sozialen und den menschlichen Anstand! Schiller schlägt den dazu angemessenen Ton an: „Strebe nach Ruhe, aber durch Gleichgewicht, nicht durch den Stillstand deiner Tätigkeit!"

Wir wissen also, was wir zu tun haben und auch tun sollten. Wir brauchen es nur zu tun!

Wenn ich die Erfahrungen mit der Einheit Deutschlands zum Maßstab nehme, dann werde ich vielleicht noch erleben, dass wir aus dieser Banken- und Finanzkrise herausfinden, sofern es der EZB gelingt, den EWR stabil zu halten und die Mitglieder der EU die Solidarität füreinander beweisen, die noch bevorstehenden Krisen gemeinsam zu bestehen und dazu auch die erforderliche institutionelle Reform der EU zu schaffen. Vor Drucklegung dieser Dokumentation hat Herr Professor Stark am 9. März 2010 hierzu im „Handelsblatt" betont: „Das Vertrauen in den Euro und in die ihn tragenden Institutionen muss gesichert bleiben." Aber „Mit der Qualifizierung zum Euro an einem Stichtag ist es nicht getan. Es geht um Nachhaltigkeit und Dauerhaftigkeit des Konvergenzprozesses. Hierauf muss in Zukunft noch mehr Gewicht gelegt werden."

Nun wird das Grußwort des Kanzlers der Universität Siegen folgen.

Ich danke Ihnen, verehrter Herr Dr. Schäfer nicht nur dafür, dass Sie dieses Wort sprechen werden sehr herzlich, sondern auch dafür, dass Sie den Franz-Böhm-Kollegs regelmäßig Ihr wohlwollendes Interesse angedeihen lassen.

Auch freuen wir dann auf den Festvortrag von Herrn Professor Jürgen Stark, zur feierlichen Würdigung des erfolgreichen Wirkens der einheitlichen europäischen Währung, des EURO, nach 10 Jahren.

Herzlichen Dank für Ihre geduldige Aufmerksamkeit!

Prof. Dr. Jürgen Stark: Eintrag in das Goldene Buch der Stadt Siegen im Oraniersaal des Oberen Schlosses.

Steffen Mues

Grußwort des Bürgermeisters der Stadt Siegen zum Eintrag von Herrn Prof. Dr. Jürgen Stark in das Goldene Buch der Stadt Siegen

Sehr geehrter Herr Prof. Dr. Stark,

ich begrüße Sie herzlich bei uns in der Rubensstadt Siegen! Es freut mich außerordentlich, dass Sie unserer Einladung nachgekommen sind und sich vor dem 12. Franz-Boehm-Kolleg Zeit für einen kleinen Empfang nehmen.

Herrn Professor Gemper kennen Sie ja aus diesem Zusammenhang bereits. Auch Ihnen ein herzliches Willkommen!

Erlauben Sie mir kurz, dass ich die Runde vorstelle: Frau Professor Blanchebarbe ist die Leiterin des Siegerlandmuseums, in dem wir uns befinden. Sie wird Ihnen gleich unsere originalen Rubensgemälde zeigen. Der weltberühmte Barockmaler Peter Paul Rubens wurde im Juni 1577 in Siegen geboren.

Verehrter Herr Prof. Dr. Stark, es ist uns nicht nur eine Freude, sondern auch eine Ehre, Sie heute hier begrüßen zu dürfen.

Zehn Jahre nach Einführung des Euros, von 1999 bis 2002 zunächst als Buchgeld, befinden wir uns in einer Finanz- und Wirtschaftskrise wie sie zuvor noch nicht da war.

Kritikern am Euro können wir dabei schnell den Wind aus den Segeln nehmen. Die Einführung der Euro-Zone sorgt in dieser Krise für die nötige Stabilität der Währung und hilft den Nationalstaaten gegenüber anderen Wirtschaftsräumen bestehen zu können. Gerade für Deutschland als Exportnation hat die Einführung des Euro nötige Stärke gebracht.

Gleichwohl müssen wir in der Krise konstatieren: Die Kontrolle der Banken und die Überwachung nationaler und insbesondere internationaler Finanzflüsse und -systeme bedarf einer Neuordnung.

Hier kommt natürlich der Europäischen Zentralbank als einem der zentralen Pfeiler der Europäischen Einigung und der Europäischen Union eine wichtige Funktion zu.

Es ist an ihr für das nötige Vertrauen zu sorgen und ihre Instrumente für die Stabilisierung der nationalen Wirtschaftssysteme einzusetzen.

Bisher scheint dieses zu gelingen: Der Geldwert bleibt stabil, die Preissteigerungen befinden sich derzeit auf niedrigem Niveau. Mit der Senkung des Leitzinses auf ein historisches Tief konnte die rasante Talfahrt der Wirtschaft zumindest gebremst werden. Auch wenn dieses für Anleger keine guten Rahmenbedingungen sind, waren dies wichtige Begleitmaßnahmen für die nationalen Konjunkturpakete.

Dass Sie in dieser Zeit nach Ihrer Tätigkeit bei der Deutschen Bundesbank im Direktorium der EZB wirken, begrüße ich außerordentlich.

Als gelernter Bankkaufmann sehe ich die aktuelle Krisenlage aus fachlicher Sicht. Und als Bürgermeister der Stadt Siegen sehe ich dieses indes aus Sicht unseres Wirtschaftssystems auch als Vorteil. Denn für mich hat die Soziale Marktwirtschaft nichts an Bedeutung verloren. Im Gegenteil: Ich glaube, dass sie die Antwort für andere Nationen auf die Krise ist und einen Rahmen vorgibt, der die Akteure im internationalen Finanzsystem nicht nur ihre Verantwortung bewusst macht, sondern auch hilft, entsprechend zu handeln.

Denn die internationale Finanz- und Wirtschaftskrise ist nicht nur ein globales Phänomen oder besser gesagt ein Problem, sie schlägt sich in vielen kommunalen Bereichen nieder.

Hier, bei uns vor Ort, bricht sich jede Entscheidung runter und deren Auswirkungen werden hier sichtbar. Dies darf eine Institution wie die Europäische Zentralbank nicht aus dem Auge verlieren.

Verehrter Herr Prof. Dr. Stark, doch auch losgelöst von der Krise sind wir froh, eine der bedeutendsten Personen Europas in Siegen als Gast zu haben.

Denn schon früh, genauer gesagt im 13. Jahrhundert, hat Siegen das Geschehen in Europa wesentlich geprägt. Wie Sie vielleicht wissen, besitzt Siegen enge dynastische Verbindungen zu den Häusern Nassau und Oranien. Ein Siegener Adliger aus dem 13. Jahrhundert, Otto I Graf zu Nassau-Siegen, gilt als Stammvater beider Häuser.

Die Teilung von 1255 hat das Schicksal des Hauses Nassau für immer bestimmt. Die Trennung in zwei Linien blieb dauerhaft. Nassau fiel damit als großes, gestaltendes Territorium am Mittelrhein, wozu es nach Rang und Lage berufen schien, aus.

Das mittelalterliche Stadtrecht kannte keine Trennung zwischen öffentlichem und privatem Recht. Der Machtbereich galt als Privatvermögen des Herrschenden. So waren Landesteilungen natürliche Vorgänge zur wirtschaftlichen Versorgung mehrerer Nachkommen. Die Nassauer boten in den folgenden Jahrhunderten jedoch Teilungen in so großer Zahl an, dass man leicht den Überblick verlieren kann. Zum guten Schluss wurde 1813 Willem I. zum souveränen König der Niederlande ausgerufen, schon 1830 wurde Belgien selbständig und 1890 wurde Adolf von Nassau aus eigenem Recht Großherzog von Luxemburg. Dabei hatte das ursprüngliche Herzogtum Nassau seine Unabhängigkeit verloren und war Teil Preußens geworden. Es ist aber weiterhin das Stammhaus der beiden heutigen Königshäuser.

Wir haben uns schon früh um Städtepartnerschaften, unter anderem in England, Belgien, den Niederlanden und Polen bemüht.

Aber auch geographisch liegt Siegen in der Mitte Europas – zumindest lag es dort bis zur Ost-Erweiterung.

Die europäischen Nachbarländer sind ein wesentliches Absatzgebiet der heimischen mittelständisch geprägten Industrie, die im Wesentlichen durch den Export lebt und seit Jahren stabil wuchs.

Momentan zeigt sich, dass diese Wirtschaftsstruktur flexibel auf die Krise reagieren kann.

Nicht zuletzt ist unsere Universität international ausgerichtet. Studierende aus 33 europäischen Ländern besuchen die Universität Siegen und geben uns ein weltoffenes Gesicht.

Es gibt daher für Siegen viele Gründe, im Sinne Europas zu agieren und zu denken. Ich kann Ihnen versichern, dies tun wir auch. Das Zusammenwachsen Europas erlebe ich als ein Geschenk, das aufgrund der gemeinsamen Geschichte vor wenigen Jahrzehnten noch nicht denkbar gewesen wäre.

Ich halte den Europäischen Gedanken – gerade auch aus Sicht der Finanzmärkte und -systeme – für wichtiger denn je, denn nur als Europäische Union haben wir eine realistische Chance, im Wettbewerb der Wirtschaftsblöcke unsere Interessen durchzusetzen.

Verehrter Herr Professor Stark, ich hoffe in diesem Sinne, dass Ihr Besuch in Siegen bei Ihnen in positiver Erinnerungen bleibt und Sie gerne wieder kommen. Natürlich sind Sie uns jederzeit willkommen.

Ich darf Sie nun bitten, sich in das Goldene Buch der Stadt Siegen einzutragen. Im Anschluss daran darf ich Ihnen ein Goldenes Krönchen überreichen. Es ist das Wahrzeichen der Stadt Siegen.

Ich bedanke mich für Ihre Aufmerksamkeit!

Johann Peter Schäfer

Ein Grußwort des Kanzlers der Universität Siegen

Sehr geehrter Herr Bürgermeister Mues,

sehr geehrter, lieber Herr Professor Gemper,

meine sehr verehrten Damen und Herren!

Es ist mir eine besondere Freude, auf dem 12. Franz-Böhm-Kolleg ein Grußwort sprechen zu dürfen.

Es gehört nicht zu den primären Aufgaben eines Universitätskanzlers, auf akademischen Veranstaltungen zu sprechen. Deshalb fühle ich mich besonders geehrt, dass Sie, sehr verehrter Herr Prof. Gemper, mich gebeten haben, dies heute zu tun.

Mein Grußwort spreche ich auch im Namen des Rektorats und besonders des Herrn Rektors. Herr Professor Schnell hat mich gebeten, ihn zu entschuldigen und seine Grüße auszurichten.

Dies tue ich gern.

Besonders begrüßen möchte ich den Gründungsrektor der Universität Siegen, Herrn Prof. Artur Woll, der sich - so glaube ich - thematisch heute ganz „zu Hause " fühlt.

Das Franz-Böhm-Kolleg ist eine Veranstaltungs-Reihe, die Herr Prof. Gemper vor vielen Jahren ins Leben gerufen hat. Es handelt sich beim Franz-Böhm-Kolleg inzwischen um den Zyklus akademischer Veranstaltungen an der Universität Siegen, der die meisten hochkarätigen Repräsentanten aus Wissenschaft, Politik und Gesellschaft an unsere Universität geführt hat. Um nur einige zu nennen, erwähne ich Herrn Prof. Biedenkopf, damals Ministerpräsident des Freistaates Sachsen, den vormaligen Präsidenten der Deutschen Bundesbank, Herrn Prof. Tietmeyer, den Präsidenten des Bundesverfassungsgerichts, Herrn Prof. Papier und im vergangen Jahr den Vizepräsidenten der Europäischen Kommission, Herrn Günter Verheugen.

Sehr geehrter Herr Prof. Gemper,

es ist Ihrem bewundernswerten, vorbildlichem Engagement und Ihren konsequenten Bemühungen - man könnte auch von positiver Hartnäckigkeit sprechen - zu verdanken, dass es Ihnen immer wieder gelingt, Persönlichkeiten solch hohen Ansehens nach Siegen zu holen und dass sich auch die Universität in diesem Glanze sonnen darf.

Ich empfinde es zugleich als große Ehre und Herausforderung, dass wir von der Universität Siegen Sie hierbei in organisatorischen Belangen unterstützen dürfen. Wir tun dies gern! Auch in Zukunft! Die Universität Siegen ist Ihnen sehr dankbar für Ihre Aktivitäten und wir gratulieren Ihnen zu Ihren Erfolgen. Universitäten sind trotz aller Veränderungen und Anpassungsnotwendigkeiten an neue Anforderungen im Innern Institutionen geblieben, die vom Engagement ihrer Mitglieder und deren Bereitschaft, sich für sie einzusetzen, leben. Versuche, Professoren zu lenken, werden immer scheitern, wenn es nicht gelingt, sie von einer Sache zu überzeugen und ihre Ideen in die Zukunftsplanungen einzubeziehen. Herr Gemper, Sie gehören zu denen, die sich selbst vor den Karren der Universität gespannt haben und die dazu beitragen, dass er auf dem steilen Berg, der Erfolg in Lehre und Forschung heißt, ankommt.

Im Franz Böhm-Kolleg dürfen wir heute, Sie, Herrn Prof. Dr. Stark, in Siegen begrüßen. Ich darf Ihnen zugleich die Grüße des Rektorats der Universität übermitteln. Wir freuen uns, mit Ihnen als einem Mitglied des Direktoriums der Europäischen Zentralbank eine der zur Zeit wohl wichtigsten Persönlichkeiten der europäischen Finanzpolitik hier begrüßen zu können. Richten sich doch unsere begründeten Hoffnungen darauf, dass die Europäische Zentralbank als Hüterin unserer gemeinschaftlichen europäischen Währung dafür sorgt, in diesen Zeiten, in denen das Bankwesen viel Kredit verspielt hat, die Stabilität unserer Währung zu erhalten. Aus bekannten Gründen hat die Geldwertstabilität in der Bundesrepublik Deutschland seit 1948 einen hohen Stellenwert. Auch in der augenblicklichen wirtschaftlichen Situation bauen viele Menschen in Deutschland und Europa ihr Vertrauen in die Zukunft darauf, dass über einen gesunden Euro die Volkswirtschaft wieder stabilisiert werden und dann auch wachsen möge. Das gilt - natürlich auch - für das Finanzierungssystem der Universitäten und Hochschulen. Zwar hat uns deutsche Universitäten, die wir weitestgehend von der Finanzierung durch den Staat - und somit von Steuermitteln - abhängen, die Finanzkrise nicht so unmittelbar getroffen, wie die amerikanischen und britischen, sofern deren finanzielle Basis, die ein Stiftungsvermögen darstellt, zum Teil drastisch geschmolzen wenn nicht sogar zusammengebrochen ist. So ist allein das Stiftungsvermögen der Harvard University innerhalb von vier Monaten um 22 % oder 8 Milliarden US-Dollar reduziert worden. Dennoch merken auch wir die Folgen der Rezession, die sich in zurückgehender Bereitschaft der Wirtschaft, Forschungsverträge abzuschließen, niederschlägt.

Das heutige Franz-Böhm-Kolleg hat das Bestehen der gemeinsamen europäischen Währung seit 10 Jahren zum Anlass. Das Thema hat durch die gegenwärtige weltweite Banken- und Finanzkrise erheblich an Aktualität gewonnen. Ich darf Sie jetzt, sehr verehrter Herr Professor Stark, zu Ihrem Festvortrag

"Krisenbewältigung: Markt versus Staat"

bitten.

Ihnen, meine Damen und Herren, danke ich für Ihre Aufmerksamkeit.

Wirtschafts- und Sozialordnung – FRANZ-BÖHM-KOLLEG 57

Dr. *Johann Peter Schäfer*, Kanzler der Universität Siegen,
Prof. Dr. *Jürgen Stark,* Mitglied des Direktoriums des Europäischen Zentralbank,
Prof. Dr. Dr. *Bodo Gemper* (v. li.) im Leonhard-Gläser Saal der Siegerlandhalle.

Jürgen Stark

Krisenbewältigung: Markt versus Staat

Die Vollendung der Europäischen Wirtschafts- und Währungsunion (EWWU) am 1. Januar 1999 war nicht nur ein Meilenstein der Währungsgeschichte, sondern auch ein Meilenstein des europäischen Integrationsprozesses. Mit der gemeinsamen Geldpolitik unter der Verantwortung der EZB und dem Euro als gemeinsamer Währung haben die Mitgliedstaaten des Euroraums auf dem Gebiet der Geld- und Währungspolitik den höchsten denkbaren Integrationsgrad erreicht.

Beim Blick zurück auf die vergangenen zehn Jahre kann selbst der kritischste Beobachter nicht verleugnen, dass die Einführung der gemeinsamen europäischen Währung ein großartiger Erfolg war. Der Euro hat sich als gemeinsame Währung von über 300 Millionen europäischen Bürgern in mittlerweile 16 Ländern fest etabliert und war seit seiner Einführung eine der stabilsten Währungen der Welt.

Die aktuellen Herausforderungen lassen jedoch für ausgiebige Feierlichkeiten wenig Raum. Die Weltwirtschaft steckt in einer schweren Krise. Was als Finanzmarktturbulenzen im Sommer 2007 begann, hat sich seit dem Kollaps der renommierten U.S. amerikanischen Investmentbank Lehman Brothers im September letzten Jahres zu einer weltweiten Finanz-, Wirtschafts- und Vertrauenskrise ausgewachsen. Der Wettbewerb um die ungünstigsten Wirtschaftsprognosen einerseits und um möglichst umfangreiche staatliche Interventionen andererseits scheint seither kein Ende nehmen zu wollen.

Einige Beobachter ziehen Parallelen zu der Großen Depression der 1930er Jahre und warnen, dass die aktuelle Krise in einer ähnlichen wirtschaftlichen und politischen Kernschmelze münden könnte. Ich teile diese Befürchtungen nicht. Im Gegensatz zu damals verfügen die politischen Verantwortlichen heute über die nötige Weitsicht, ähnliche Fehlentscheidungen zu vermeiden, die einst in die Katastrophe führten. Es wird gelingen, die Krise zu überwinden. Wie schnell dies geschieht, und welche längerfristigen Folgen die Krise nach sich ziehen wird, hängt jedoch entscheidend davon ab, wie wir die Krise bewältigen. Es ist falsch, jedes politische Handeln nur auf seinen kurzfristigen Effekt hin zu beurteilen, - von immenser Bedeutung sind vor allem die mittel- bis langfristigen Konsequenzen.

Immerhin gibt es Anzeichen dafür, dass sich die Geschwindigkeit der Talfahrt der Weltwirtschaft verlangsamt und wir einer Stabilisierung näher kommen, die in eine graduelle wirtschaftliche Erholung im Laufe des Jahres 2010 einmünden dürfte.

Ordnungspolitische Grundlagen

Im Zuge der Krise ist es zu einer vorher nicht für möglich gehaltenen Renaissance des Staates in der Wirtschaft gekommen. Es scheint, als sei der Staat allgegenwärtig und allmächtig: er garantiert Bankeinlagen, rettet und verstaatlicht Banken, schnürt dicke Konjunkturpakete. Marktwirtschaftliche Prinzipien werden dabei in den Hintergrund gedrängt, werden häufig gar als einer schnellen Lösung des Problems im Wege stehend empfunden. Der Hinweis „Wir sind im Krisen-Modus" scheint jegliches politisches Handeln zu rechtfertigen.

Gleichzeitig ist eine teilweise sehr emotional geführte Grundsatzdebatte über die Ursachen und Folgen der Krise entbrannt. Dabei geben marktkritische Stimmen gegenwärtig eindeutig den Ton an. Die Finanzkrise wird als Krise des marktwirtschaftlichen Systems dargestellt. Es ist von eklatantem Marktversagen die Rede, dem in Zukunft nur durch massive staatliche Eingriffe und Kontrollen vorgebeugt werden könne.

Gerade in der Krise ist es jedoch nötig, sich wohltemperiert zu verhalten, Augenmaß zu bewahren und sich auf grundlegende Prinzipien der Wirtschaftspolitik zu besinnen, die zeitlos gültig sind und sich über viele Jahrzehnte bewährt haben.

Die Finanzkrise, so schwer sie auch sein mag, widerlegt nicht die grundlegende Einsicht, dass die Marktwirtschaft die beste denkbare Wirtschaftsform ist. Die Erfahrungen des vergangenen Jahrhunderts, speziell die deutsche Geschichte, haben klar gezeigt, dass eine marktwirtschaftliche Grundordnung die Basis für Wachstum und Wohlstand ist. Der übermächtigen Rolle des Staates beispielsweise in planwirtschaftlichen Wirtschaftssystemen war dagegen durchweg ein klägliches Scheitern beschieden. Der dramatische Zusammenbruch der sozialistischen Systeme in Mittel- und Osteuropa vor zwanzig Jahren liegt noch gar nicht so lange zurück, und scheint doch bei vielen schon in Vergessenheit geraten zu sein.

Allerdings zeigt die Finanzkrise, dass unbeaufsichtigte, nach dem Laissez-faire Prinzip organisierte Märkte gravierende Fehlentwicklungen und Übertreibungen erzeugen können. Diese Erkenntnis ist keineswegs neu. Es ist die Erkenntnis, die bereits nach der Weltwirtschaftskrise nach 1929 reifte.[1] Sie bildete die Basis für die Thesen der ordnungspolitischen Denkschule, die von Franz Böhm, Walter Eucken, Wilhelm Röpke, Alexander Rüstow und Alfred Müller-Armack geprägt wurde und Grundlage der von Ludwig Erhard konzipierten erfolgreichen deutschen Nachkriegswirtschaftsordnung war.

Die Quintessenz dieser ordnungspolitischen Thesen ist, dass die Realisierung einer dem Wohlstand aller dienenden marktwirtschaftlichen Ordnung effektiver staatlicher Regeln bedarf, die Fehlverhalten und Fehlentwicklungen entgegenwirken. In den Worten Franz Böhms: „[D]ie Rechtsverfassung [muss] dem Wettbewerb eine Ordnung setzen, d.h. sie muss darüber bestimmen, welche Einsätze erlaubt sind, und welche nicht."[2]

Ein unzureichender oder fehlkonzipierter Ordnungsrahmen birgt das Risiko von Machtbildung und Korruption, der Gefährdung der Freiheit und damit der potentiellen Selbstauflösung der marktwirtschaftlichen Ordnung. Wilhelm Röpke hat

---

[1] Vgl. Abelshauser, Werner (2004): "Deutsche Wirtschaftsgeschichte seit 1945", München: C.H. Beck.

[2] Vgl. Böhm, Franz (1937): „Die Ordnung der Wirtschaft als geschichtliche Aufgabe und rechtsschöpferische Leistung." Ordnung der Wirtschaft, 1 (Herausgegeben von Franz Böhm, Walter Eucken und Hans Großmann-Doerth). Stuttgart, Berlin: Kohlhammer.

das "selbstmörderische" Potential einer Marktwirtschaft ohne Regeln treffend auf den Punkt gebracht: „ [...] Leitbilder bereiten [...] ihren eigenen Untergang vor, wenn sie sich absolut nehmen und die ihnen gesetzten Grenzen missachten. Selbstmord ist hier die durchaus gewöhnliche Todesursache. Die Marktwirtschaft macht von dieser Regel keine Ausnahme."[3]

Die Notwendigkeit eines Ordnungsrahmens zur Sicherstellung der Funktionsfähigkeit einer Marktwirtschaft bedeutet jedoch nicht, dass der Staat die Wirtschaft lenken und kontrollieren soll. "Die wirtschaftspolitische Tätigkeit des Staates sollte auf die Gestaltung der Ordnungsformen der Wirtschaft gerichtet sein, nicht auf die Lenkung des Wirtschaftsprozesses."[4] So hat Walter Eucken die Rolle des Staates in der Marktwirtschaft klar definiert.

Eucken identifizierte in seinem grundlegenden Werk "Grundzüge der Wirtschaftspolitik" ferner eine Reihe von wirtschaftspolitischen Prinzipien, die für einen effektiven Ordnungsrahmen zur Gewährleistung einer funktionierenden Marktwirtschaft elementar sind:

Primat der Währungspolitik.

Preisstabilität ist die Grundvoraussetzung für ein funktionierendes Preissystem und damit auch die Basis für eine funktionierende Marktwirtschaft. Eucken schreibt: "Alle Bemühungen, eine Wettbewerbsordnung zu verwirklichen, sind umsonst, solange eine gewisse Stabilität des Geldwertes nicht gesichert ist. Die Währungspolitik besitzt daher für die Wettbewerbsordnung ein Primat."

Offene Märkte.

Feier Wettbewerb setzt freien Zugang zu allen Märkten voraus. Die Wirtschaftspolitik sollte daher für die Öffnung und Offenhaltung aller Märkte sorgen, indem sie Handelsschranken und Kartellbildungen entgegentritt.

Privateigentum.

Besitz und Erwerb privaten Eigentums ist die Triebfeder des Wettbewerbs. Die Wirtschaftspolitik muss Privateigentum daher schützen und respektieren. Allerdings sollte sie auch nicht Anreize für nicht tragfähigen Eigentumserwerb setzen, beispielsweise die Illusion vom Immobilienbesitz für jedermann.

Haftung.

"Wer den Nutzen hat, muss auch den Schaden tragen", schreibt Eucken. Dem Haftungsprinzip kommt im Leistungswettbewerb eine wichtige Funktion zu, indem es sicherstellt, dass sich die Qualität einer Leistung angemessen in der Entlohnung

---

[3] Vgl. Röpke, Wilhelm (1958): „Jenseits von Angebot und Nachfrage.", Erlenbach-Zürich: Eugen Rentsch Verlag.

[4] Vgl. Eucken, Walter (1952): „Grundsätze der Wirtschaftspolitik.", Tübingen: J.C.B. Mohr (Paul Siebeck).

widerspiegelt, im guten wie im schlechten Fall. Dieses Prinzip wirkt damit auch "prophylaktisch gegen eine Verschleuderung von Kapital", wie Eucken betont.

Vertragsfreiheit.

In einer freien Wirtschaftsordnung sollte jeder frei darüber entscheiden können, mit wem er wirtschaftliche Beziehungen, sprich Verträge, eingeht. Verträge dürfen jedoch nicht im Widerspruch zu anderen konstituierenden Prinzipien der freien Wettbewerbsordnung stehen, indem sie beispielsweise das Prinzip offener Märkte oder der Haftung außer Kraft setzen.

Konstanz der Wirtschaftspolitik.

Um richtig funktionieren zu können, benötigt eine Marktwirtschaft stabile wirtschaftspolitische Rahmenbedingungen. Eine ständig wechselnde Wirtschaftspolitik wirkt verzerrend und verunsichernd. Neben der Ausrichtung der Geldpolitik an der Gewährleistung der Preisstabilität müssen daher auch die übrigen Bereiche der Wirtschaftspolitik stabilitätsorientiert und mittelfristig ausgerichtet sein. Als Franz Böhm und Walter Eucken vor mehr als einem halben Jahrhundert ihre Thesen verfassten, konnten sie die Nöte, in welche die globalisierte Finanzwelt mit all ihren innovativen Finanzprodukten und Geschäftspraktiken heute ist, nicht erahnen. Doch zeigt sich gerade in der gegenwärtigen Situation die zeitlose Gültigkeit der von ihnen formulierten ordnungspolitischen Grundsätze. Sie ermöglichen ein richtiges Verständnis der Krisenursachen und -konsequenzen und weisen den Weg für ein effektives und angemessenes Management der Krise.

Krisenbewältigung I: Die Ursachen der Krise

Regional betrachtet liegt das Epizentrum der Krise nicht in Kontinentaleuropa. Aber Europa ist über den Finanz- und Handelskanal erheblich von der Krise betroffen. Von der Sache her liegt der Ausgangspunkt der Krise in einer signifikanten Unterschätzung und Unterbewertung von Risiken und damit verbundenen Spekulations- und Verschuldungsexzessen in den Jahren vor Ausbruch der Turbulenzen. Die Symptome dieser Exzesse waren extrem niedrige Risikospannen auf den globalen Finanz- und Kapitalmärkten; in einigen Ländern spektakuläre Anstiege von Vermögenswerten, vor allem von Immobilienpreisen, verbunden mit einer signifikanten Ausweitung der Verschuldung privater Haushalte; sowie

massive globale Ungleichgewichte in Form von hohen Leistungsbilanzdefiziten einiger Industrieländern und Leistungsbilanzüberschüssen auf Seiten einiger Schwellenländer.

Die Grundlage der Exzesse war eine Kombination aus trügerisch günstigen makroökonomischen Bedingungen, und der Verbreitung innovativer Finanzprodukte zum Transfer von Kreditrisiken.

Die günstigen makroökonomischen Bedingungen im Vorfeld der Krise waren gekennzeichnet durch ein anhaltend robustes Wachstum der Weltwirtschaft, niedrige Inflationsraten, geringe Kreditausfallraten sowie extrem niedrige kurz- und langfristige Zinsniveaus. Die kurzsichtige Extrapolation dieses Umfelds durch Banken und Investoren führte dazu, dass die mit Kreditgewährung und Finanzinvestitionen verbundenen Risiken allgemein unterschätzt wurden. Gleichzeitig löste das extrem niedrige Zinsniveau eine aggressive Jagd nach Rendite aus, bei der potentielle Risiken zum Teil völlig aus den Augen verloren wurden.

Diese Fehlentwicklungen wurden durch eine rapide Ausweitung innovativer Kreditverbriefungen im globalen Finanzsystem potenziert. Banken verpackten die von ihnen vergebenen Kredite in neuartige, hochgradig komplexe Finanzinstrumente und verkauften diese dann über den globalen Kapitalmarkt an Finanzinvestoren weiter.

Prinzipiell ist die Verbriefung von Krediten positiv zu sehen, weil damit Risiken breiter und effizienter gestreut werden können. Diese positiven Effekte wurden jedoch durch eine Reihe eklatanter Konstruktionsfehler im globalen Finanzsystem überlagert.

Auf Seiten der Banken kam es zu erheblichen Nachlässigkeiten bei der Kreditwürdigkeitsprüfung. Die Kreditrisiken waren nur noch durchlaufende Posten. So wurden in großem Umfang Kredite an eigentlich nicht kreditwürdige Kreditnehmer vergeben. Das anschaulichste Beispiel hierfür sind die unter der Bezeichnung ninja loans bekannt gewordenen Hypothekenkredite an Kreditnehmer ohne Einkommen, Job und Vermögen. Anmerkung: Ninja = No Income, no Job, No Assets, B.G.

Trotz der komplexen Natur der neuartigen Finanzinstrumente und der mangelnden Erfahrung mit ihrer Wertentwicklung über den Kreditzyklus wurden für diese Instrumente relativ hohe Ratings vergeben, die bei vielen Investoren den Eindruck erweckten, diese Instrumente wären beinahe so sicher wie erstklassige Staatsanleihen, brächten aber höhere Renditen. Damit waren sie sozusagen ein „gefundenes Fressen" auf der globalen Jagd nach Rendite.

Als zusätzlicher Akzelerator der Exzesse wirkten kurzfristig angelegte Bonussysteme als zentrales Entlohnungselement der Finanzindustrie. Die damit verbundene hohe Belohnung kurzfristiger Profite bei vollständiger Ignorierung potentieller längerfristiger Risiken förderte zusätzlich eine exzessive Risikoneigung, sowohl bei Bankmanagern als auch bei Finanzinvestoren.

Die Verbreitung von Kreditrisiken mittels hoch komplizierter strukturierter Finanzprodukte über die globalen Kapitalmärkte führte zu einer extrem komplexen Vernetzung der Finanzsysteme. Weltweit investierten Banken und Finanzinvestoren in großem Umfang in Wertpapiere, die mit Krediten unbekannter Bonität unterlegt waren und setzten sich damit schwer einschätzbaren Kreditrisiken aus.

Zunehmende Kreditausfälle im Subprime-Segment des U.S. Hypothekenmarktes in der ersten Jahreshälfte 2007 waren dann der Auslöser für eine allgemeine Anpassung der Risikoeinschätzung und -bewertung auf den internationalen Finanzmärkten. Aus der vorhergehenden exzessiven Risikoneigung wurde schlagartig eine ausgeprägte Risikoaversion, die sich in einer deutlichen Ausweitung der Risikospannen niederschlug. Auf vielen Märkten für strukturierte Finanzprodukte ist es allerdings nicht zu einer Anpassung der Preise, sondern zu einem vollständigen Austrocknen gekommen. Folglich war es nicht mehr möglich, für viele Wertpapiere einen Marktpreis zu ermitteln. Für zahlreiche Banken und Investoren wurde dadurch ein beträchtlicher Teil ihrer Aktiva illiquide. Aus innovativen Finanzprodukten wurden toxische Wertpapiere.

Oberflächlich betrachtet wurden die globalen Spekulations- und Verschuldungsexzesse im Vorfeld der Krise durch Verantwortungslosigkeit, Gier und Inkompetenz der global agierenden Finanzmarktakteure verursacht. Dieser Befund greift jedoch zu kurz. Die Fehlentwicklungen im Finanzsektor im Vorfeld der Krise wurden durch Staatsversagen entscheidend begünstigt: es fehlte der Rahmen, der die wettbewerbliche Ordnung der Wirtschaft sicherstellte.

Der Ordnungsrahmen der Finanz- und Kreditmärkte vor der Krise verletzte reihenweise die von Eucken identifizierten wirtschaftspolitischen Prinzipien. Es wurde vor allem versäumt, durchgängig das Haftungsprinzip zu gewährleisten. Die allgemeine exzessive Risikoneigung als Ausgangspunkt der Krise resultierte vorrangig daraus, dass viele Marktakteure die von ihnen eingegangenen Risiken auf andere abwälzten und nicht selbst tragen mussten.

Lückenhafte aufsichtsrechtliche Regeln ermöglichten es den Banken, ihre Kreditvergabe exzessiv auszuweiten und sich der Haftung für die damit verbundenen Risiken durch Kreditverbriefungen zu entziehen. So unterlagen Hypothekenmärkte in manchen Ländern einer zersplitterten und zum Teil gar keiner aufsichtsrechtlichen Kontrolle. Aufsichtsrechtliche Lücken ermöglichten weltweit das Umgehen bilanzieller Vorschriften mittels der bereits erwähnten innovativen Finanzprodukte. Die Ausgestaltung von Eigenkapital- und Bilanzierungsrichtlinien förderten zusätzlich ein pro-zyklisches Kreditvergabeverhalten der Banken.

Die sich auf Basis dieses mangelhaften Ordnungsrahmens entfaltenden spekulativen Übertreibungen wurden durch eine zu expansiv ausgerichtete globale Makropolitik zusätzlich verstärkt. Die bereits erwähnten massiven globalen Ungleichgewichte waren dabei sowohl Spiegelbild als auch Katalysator der exzessiv expansiven monetären Rahmenbedingungen.

Krisenbewältigung II: Krisenmanagement

Seit Ausbruch der Krise sahen sich Regierungen und Zentralbanken gezwungen, massiv einzugreifen, um einen Zusammenbruch des globalen Finanzsystems zu verhindern. Welche längerfristigen Folgen die Krise nach sich ziehen wird, wird entscheidend von der Qualität des Krisenmanagements abhängen.

Die Notenbanken stehen in der Krisenbekämpfung seit Ausbruch der Turbulenzen an vorderster Front. Sie stabilisieren den Geldmarkt durch massive Liquiditätszufuhren und stützen die Wirtschaft durch Zinssenkungen.

Die öffentliche Diskussion dreht sich nur noch um die Frage, was die Zentralbanken noch zusätzlich tun können, um die Finanzsektoren und Volkswirtschaften zu stabilisieren. In einem solchen Umfeld müssen Zentralbanken darauf achten, nicht zu

Getriebenen zu werden und dabei die grundlegenden Prinzipien stabilitätsorientierter Geldpolitik nicht aus den Augen zu verlieren.

Das grundlegende Leitbild einer stabilitätsorientierten Geldpolitik ist die Gewährleistung der Preisstabilität. Wie bereits erwähnt hatte schon Walter Eucken das Primat der Preisstabilität als entscheidendes konstituierendes Prinzip einer funktionierenden marktwirtschaftlichen Grundordnung hervorgehoben. Es besteht heute ein weitgehender Konsens zwischen Notenbankern und Wirtschaftswissenschaftlern, dass Preisstabilität das eindeutige, prioritäre Ziel der Geldpolitik sein muss.

Dieser Konsens gründet auf der Erkenntnis, dass Preisstabilität eine grundlegende Voraussetzung für wirtschaftliche und finanzielle Stabilität und Prosperität ist, da dadurch die Signal- und Informationsfunktion des Preismechanismus sicher gestellt und inflationsbedingte Verzerrungen vermieden werden; und die Geldpolitik mit dem ihr zu Verfügung stehenden Instrumentarium effektiv nur Preisstabilität, nicht jedoch andere Ziele verfolgen kann.

Zur effektiven Gewährleistung der Preisstabilität müssen einige grundlegende Prinzipien stabilitätsorientierter Geldpolitik beachtet werden, die sich aus den geldpolitischen Erfahrungen der Vergangenheit und den Erkenntnissen der Wirtschaftswissenschaft herauskristallisiert haben. Lassen Sie mich die wichtigsten dieser Prinzipien kurz erläutern.

Preisstabilität muss das prioritäre Ziel für die Geldpolitik sein. Darauf muss sie mit einem klaren Mandat verpflichtet werden.
Die Zentralbank muss dieses Mandat mit hoher Glaubwürdigkeit verfolgen und damit die Inflationserwartungen fest verankern.

Die Zentralbank muss mit einem hohen Grad an institutioneller Unabhängig ausgestattet sein, damit sie das Ziel der Preisstabilität frei von jedweder politischer Einflussnahme verfolgen kann.

Die Zentralbank muss in ihrem Handeln transparent sein, zur Bewahrung ihrer Legitimation als unabhängige Institution und zur Förderung ihrer Glaubwürdigkeit.
Die Geldpolitik muss Preisstabilität über einen mittelfristigen Horizont verfolgen, um der Wirkungsverzögerung geldpolitischer Maßnahmen Rechnung zu tragen und ineffektivem Aktionismus vorzubeugen.

Geldpolitische Entscheidungen müssen sich auf einen umfassenden Analyserahmen stützen, damit alle relevanten Informationen berücksichtigt werden.

Die Festlegung des geldpolitischen Kurses zur Gewährleistung der Preisstabilität und die Umsetzung dieses Kurses über das Liquiditätsmanagement auf dem Geldmarkt sollten klar voneinander getrennt sein.

Diese Prinzipien sind zum großen Teil im währungspolitischen Ordnungsrahmen des Euroraums, der sich aus den Vorschriften des EG Vertrages und der geldpolitischen Strategie der EZB zusammensetzt, fest verankert.

Der im EG Vertrag festgelegte institutionelle Rahmen der gemeinsamen Geldpolitik ist durch zwei zentrale Merkmale gekennzeichnet:

- Ein klares Mandat für die EZB, Preisstabilität zu gewährleisten.
- Ein hohes Maß an institutioneller Unabhängigkeit der EZB.

Auf Basis dieses institutionellen Rahmens sichert die geldpolitische Strategie der EZB eine glaubwürdig, effektiv und transparent auf die Gewährleistung der Preisstabilität ausgerichtete Geldpolitik. Die zentralen Merkmale der geldpolitischen Strategie der EZB sind:

Eine klare Definition des Preisstabilitätsziels als ein mittelfristiger Anstieg des Harmonisierten Verbraucherpeisindex (HVPI) für den Euroraum von unter aber nahe 2% gegenüber dem Vorjahr.

Ein umfassender Analyserahmen in Form eines Zwei-Säulen Ansatzes zur Einschätzung der Risiken für die Preisstabilität, bestehend aus der wirtschaftlichen Analyse zur Einschätzung der kurz- bis mittelfristigen Risiken und der monetären Analyse zur Einschätzung der mittel- bis langfristigen Risiken.

Die stabilitätsorientierte Währungsordnung des Euroraums war die Grundlage für die erfolgreiche Geldpolitik der EZB in den ersten zehn Jahren der Währungsunion. Vor allem seit Ausbruch der Finanzkrise sind die Vorteile einer mittelfristig stabilitätsorientierten Geldpolitik besonders zum Tragen gekommen. In einem Umfeld, das von großer Verunsicherung geprägt ist, wie gegenwärtig der Fall, muss die Zentralbank durch die glaubwürdige Ausrichtung der Geldpolitik am Ziel der Preisstabilität Unsicherheiten über den geldpolitischen Kurs minimieren und die Inflationserwartungen sicher auf niedrigem Niveau verankern.

Die von der EZB seit Ausbruch der Krise ergriffenen Maßnahmen umfassen zum einen Ausweitungen der Liquiditätsversorgung am Geldmarkt und, seit der Verschärfung der Krise im Herbst letzten Jahres, eine signifikante Lockerung des geldpolitischen Kurses.

Aufgrund der hohen Unsicherheit darüber, in welchem Umfang sie selbst und andere Banken von der Finanzkrise betroffen waren, sind die Kreditinstitute seit Ausbruch der Krise dazu übergegangen, Liquidität zu horten. Dies hat weltweit zu erheblichen Funktionsstörungen auf den Interbankenmärkten geführt, auf denen sich Banken gegenseitig Geld leihen. Da auch die Banken des Euroraums in die globalen Kredit- und Spekulationsexzesse verstrickt waren, ist es auch hier seit Ausbruch der Turbulenzen zu erheblichen Liquiditätsengpässen auf den Interbankenmärkten gekommen.

Wir haben im Sommer 2007 unverzüglich auf die ersten Spannungen an den Geldmärkten im Euroraum reagiert. Der Interbankenmarkt wurde mit umfangreichen Liquiditätszufuhren unterstützt. Die Verschärfung der Krise seit Oktober 2008 erforderte weitere Maßnahmen der EZB, die nicht dem üblichen Standard entsprechen. Den extremen Spannungen an den Geldmärkten musste effektiv entgegengewirkt werden und die Zahlungsunfähigkeit solventer Banken musste vermieden werden. Mit den eingeleiteten Maßnahmen ist die EZB auch Risiken eingegangen. Unsere Bilanz hat sich seit Sommer 2007 um über 600 Mrd. Euro ausgeweitet, auf inzwischen ca. 18 % des BIP des Euroraums.

Es ist jedoch wichtig zu betonen, dass die von uns ergriffenen Liquiditätsmaßnahmen temporärer Natur sind und automatisch zurückgeführt werden, sobald sich die Lage an den Geld- und Finanzmärkten wieder entspannt. Die umfangreiche Ausweitung der Liquiditätsversorgung des Geldmarktes stellt somit keine permanente Ausweitung der monetären Liquidität dar.

Die Verschärfung der Krise seit Oktober vergangenen Jahres hat die weltwirtschaftliche Lage und damit auch den Ausblick auf die preisliche Entwicklung im Euroraum dramatisch verändert. Die Erkenntnisse aus der monetären und der wirtschaftlichen Analyse wiesen immer stärker auf eine erhebliche Entspannung der Risiken für die Preisstabilität im Eurogebiet hin. Auch die Geldmenge und Kreditaggregate haben sich schrittweise zurück entwickelt. Die Inflationsrate ist im Euroraum deutlich gesunken. Im März betrug sie 0,6 % gegenüber dem Vorjahr.

Vor diesem Hintergrund hat die EZB seit Oktober letzten Jahres den Leitzins in mehreren Schritten deutlich um insgesamt 300 Basispunkte von einem Niveau von 4,25% auf aktuell 1,25% gesenkt. Diese massive geldpolitische Lockerung stellt einen erheblichen, vor dem Hintergrund der beobachtbaren wirtschaftlichen und preislichen Entwicklung jedoch angemessenen monetären Stimulus dar. Die Wirkung dieser Zinssenkungen muss sich erst noch vollständig entfalten.

Trotz dieser in Ausmaß und Tempo im Euroraum beispiellosen Lockerung der Geldpolitik sieht sich die EZB Forderungen gegenüber, dem Beispiel anderer Notenbanken zu folgen und den Leitzins noch weiter in Richtung Null Prozent zu senken, um einen maximalen geldpolitischen Stimulus zu erzeugen. Andere Notenbanken können für uns jedoch nicht beispielgebend sein, weil sie in einem anderen Umfeld operieren. Im Euroraum gibt es keine Anhaltspunkte für eine drohende Deflation. Gegenwärtig sehen wir ein solches Risiko als sehr gering an. Im Gegensatz zu anderen Regionen kommt im Eurogebiet dem Bankensektor bei der Transmission geldpolitischer Impulse große Bedeutung zu.

Wir werden über den verbliebenen maßvollen zinspolitischen Spielraum am 7. Mai entscheiden. Gleichzeitig werden wir über zusätzliche Nicht-Standard-Maßnahmen beschließen, die wir einsetzen, wenn unsere Zinsuntergrenze erreicht ist.

In der Hitze der Debatte gilt es, die Möglichkeiten und Grenzen der Geldpolitik nicht aus den Augen zu verlieren. Die Geldpolitik kann und soll mit dem ihr zur Verfügung stehenden Instrumentarium nur ein Ziel verfolgen, die Gewährleistung der Preisstabilität auf mittlere Sicht. Die EZB verfügt nicht über die Mittel, die eigentliche Ursache der Vertrauenskrise zu beseitigen, die in den Struktur- und Solvenzproblemen des Finanzsystems liegt. Dies ist Aufgabe der Regierungen. Die von den Regierungen zur Krisenbekämpfung auf den Weg gebrachten Maßnahmen lassen sich grob in zwei Kategorien einteilen:

Rettungspakete für den Finanzsektor bestehend aus Einlagen- und Bankschuldgarantien sowie Rekapitalisierungsmaßnahmen.

Konjunkturpakete zur Abfederung des realwirtschaftlichen Abschwungs.

Diese umfangreichen Rettungs- und Stützungsmaßnahmen haben bereits zu einer erheblichen Ausweitung der Präsenz des Staates in der Wirtschaft geführt. Es scheint kein Problem zu geben, das nicht ohne den Staat gelöst werden kann und dessen der Staat nicht bereit ist, sich wohlwollend anzunehmen. Regierungen agieren als Feuerwehr, die die ausbrechenden Brände überall in der Wirtschaft zu löschen versucht. Angesichts des Ausmaßes der Krise besteht kein Zweifel, dass Löschmaßnahmen notwendig wurden. Dabei muss jedoch beachtet werden, dass Löschwasser, sprich Steuergelder, nicht in unbegrenztem Umfang zur Verfügung steht. Die Brandbekämpfung sollte sich daher auf den Brandherd konzentrieren, auch um zu vermeiden, dass der Wasserschaden am Ende größer ist als der mögliche Brandschaden.

Eine effektive und nachhaltige Lösung der Wirtschaftskrise wird daher nur möglich sein, wenn sich die Fiskalpolitik:

- auf die Lösung der Hauptursache der Vertrauenskrise konzentriert, das heißt auf die Lösung des Solvenzproblems im Bankensektor,

- in ihrem Vorgehen die langfristige Solidität und Tragfähigkeit der Staatsfinanzen nicht gefährdet.

Banken nehmen im Euroraum eine zentrale Rolle im Finanzierungskreislauf unserer Marktwirtschaft ein. Aus diesem Grund ist ein funktionierendes, gesundes Bankensystem eine wichtige Voraussetzung für Wirtschaftswachstum. Schon in der Vergangenheit waren Bankenkrisen häufig Auslöser für schwere Wirtschaftskrisen. Dies ist auch jetzt der Fall. Die Wirtschaftskrise, die wir gegenwärtig erleben, ist das Ergebnis einer schweren globalen Bankenkrise. Der Schüssel zur Bewältigung der Wirtschaftskrise liegt entsprechend in der Bewältigung der Bankenkrise. Die fiskalpolitischen Maßnahmen zur Bekämpfung der Krise sollten sich daher darauf konzentrieren, die notwendige Restrukturierung, Konsolidierung und Rekapitalisierung des Bankensystems zu unterstützen.

Die von den Regierungen zur Stützung der Finanzsysteme beschlossenen Maßnahmen in Form von Garantien und Kapitalzuschüssen waren richtig und erforderlich, um das internationale Finanzsystem vor dem Kollaps zu bewahren. Diese Maßnahmen stellen jedoch keine Dauerlösung dar. Es ist letztlich Aufgabe der Banken selbst, die von ihnen verursachten Probleme in den Griff zu bekommen und das Vertrauen in die eigene Stabilität wieder herzustellen. Der Staat kann und soll hierbei nur unterstützend wirken, wobei er sich an ordnungspolitischen Grundprinzipien orientieren sollte.

Jede staatliche Intervention verändert das Verhalten der Wirtschaftssubjekte und führt zu Wettbewerbsverzerrungen. Diese sind umso stärker, je länger die staatliche

Intervention anhält. Deshalb dürfen staatliche Eingriffe nur Minimaleingriffe sein und Marktstrukturen nicht stören.

Auch bei der Lösung der Krise muss das Prinzip des Privateigentums gelten. Der Staat ist nicht der bessere Banker. Bekanntlich sind gerade auch Staatsbanken tief in die Spekulationsexzesse verstrickt. Dauerhafte staatliche Kontrolle über den Finanzsektor stellt somit keine Option dar. Staatsbeteiligungen an Banken, die sich aus Rekapitalisierungs- oder Rettungsmaßnahmen ergeben, müssen daher wieder aufgelöst werden, sobald sich die Lage normalisiert.

Obgleich die Aufrechterhaltung des Finanzierungskreislaufs das letztendliche Ziel der staatlichen Stützungsmaßnahmen im Finanzsektor ist, sollten die Regierungen die Banken nicht per Dekret auf eine bestimmte Ausweitung der Kreditvergabe verpflichten. Die Banken müssen im Sinne der Vertragsfreiheit selbst entscheiden können, wem sie unter den gegebenen Bedingungen Kredit gewähren und wem nicht. Ansonsten besteht die Gefahr, dass die notwendigen Anpassungsprozesse im Finanzsektor konterkariert werden.

Die Regierungen müssen stets im Auge behalten, dass dem Prinzip der Haftung ausreichend Rechnung getragen wird. Die Rettungsmaßnahmen dürfen nicht dazu führen, dass die Kosten vergangener Spekulationsexzesse gänzlich zu Lasten der Steuerzahler gehen.

Im Gegensatz zu den Stützungsmaßnahmen für den Finanzsektor kann man von den beschlossenen konjunkturpolitischen Maßnahmen nicht ohne weiteres behaupten, dass sie zur nachhaltigen Bewältigung der Krise geeignet sind. Im Gegenteil. Es besteht die Gefahr, dass sie möglicherweise mehr schaden als nutzen.

Aktivistische Konjunkturpolitik wirkt potentiell verzerrend, weil in ihrem Rahmen nur bestimmte, meist nicht die produktivsten Bereiche der Wirtschaft gefördert werden, andere dagegen nicht. Im Gegensatz zum Bankensektor kann man von anderen Wirtschaftssektoren nicht behaupten, dass sie für die Funktionsfähigkeit der Wirtschaft von elementarer Bedeutung sind. Das Argument, der Staat müsse auch andere Branchen gezielt stützen, weil er ja auch die Banken rette, verfängt somit nicht.

Die Erfahrungen der Vergangenheit haben zudem gezeigt, dass eine konjunkturpolitisch motivierte Ausweitung der Staatsverschuldung meist nicht zurückgeführt wird, wenn sich die wirtschaftliche Lage bessert. Die so resultierende dauerhafte Ausweitung der Staatsschuld führt zu einer langfristigen Erhöhung der Steuerbelastung der Wirtschaft und der Kapitalmarktzinsen. Damit ist zum einen fraglich, ob konjunkturpolitische Maßnahmen überhaupt kurzfristig expansive Effekte auf die gesamte Wirtschaft erzeugen können, da Konsum und Investitionen möglicherweise in Erwartung der zukünftigen Belastungen zurückgefahren werden. Zum anderen besteht die Gefahr, dass die aus höheren Steuern und Zinsen resultierenden negativen Effekte auf die Investitionstätigkeit dauerhaft das Wachstumspotential der Wirtschaft schwächen.

Es muss vermieden werden, im Zuge der aktuellen Krise die Fehler der 1970er Jahre zu wiederholen. Damals versuchten Regierungen in großem Stil mit Konjunkturprogrammen den vor dem Hintergrund der Ölpreisschocks sinkenden Wachstums- und steigenden Arbeitslosenraten entgegenzusteuern. Diese Politik war das Gegenteil dessen, was man unter einer von Konstanz geprägten Wirtschaftspolitik versteht. Sie trug entsprechend erheblich zu der hohen Instabilität der Wirtschaftsentwicklung in den 1970er Jahren bei. Darüber hinaus bewirkten diese Programme eine enorme, in vielen Ländern dauerhafte Ausweitung der Staatsverschuldung. Die erwünschten positiven Effekte auf die Realwirtschaft wurden dagegen nicht erreicht. Vielmehr führte die Ausweitung der Staatsverschuldung zu einer Verdrängung privater Investitionen und zu höheren Steuern. Das Wachstumspotential vieler Länder leidet noch heute unter der Schuldenlast, die von der verfehlten Politik übrig blieb.

Die Politiker müssen diese Lektion der Geschichte beherzigen. Das Vertrauen der Bürger in mittelfristig solide Staatsfinanzen darf im Zuge der Krise nicht verloren gehen. Ansonsten werden sich die fiskalischen Stimulusmaßnahmen als kontraproduktiv erweisen. Um dies zu vermeiden, brauchen die Regierungen eine glaubwürdige Exit-Strategie. Sie müssen sich glaubhaft dazu verpflichten, sich wieder aus der Wirtschaft zurückzuziehen und die Staatsverschuldung wieder zurückzufahren, sobald sich die wirtschaftliche Lage normalisiert. Eine solche Verpflichtung besteht für die Regierungen der Euroraumländer in Form der Regelungen des Stabilitäts- und Wachstumspakts. Es liegt im eigenen Interesse der Regierungen, dass die Glaubwürdigkeit des Pakts in der Krise nicht leidet.

Krisenbewältigung III: Lehren aus der Krise

Die Analyse der Krisenursachen hat gezeigt, dass eine lücken- und fehlerhafte Regulierung und Aufsicht des Finanzsektors ein entscheidender Faktor auf dem Weg in die Krise war. Der Laissez-faire Ansatz als Leitbild der globalen Finanzmarktarchitektur ist gescheitert.

Ein Paradigmenwechsel ist angezeigt. Eine effektivere und entschlossenere regelgebende und regeldurchsetzende Rolle des Staates auf den Finanzmärkten wird erforderlich sein, um zukünftig schwerwiegenden Verwerfungen an den Finanzmärkten, wie sie sich jetzt ereignet haben, entgegenzuwirken. Diese Ansicht findet mittlerweile weit reichende Akzeptanz, auch in angelsächsischen Ländern, und spiegelt sich in den internationalen Initiativen zur Reform der globalen Finanzmarktarchitektur wieder. Die Staats- und Regierungschefs der G20 haben sich auf dem Weltfinanzgipfel von London darauf verpflichtet, die Regulierung und Aufsicht des globalen Finanzsystems zu stärken. Die hierzu gefassten Beschlüsse umfassen Initiativen für eine strengere Regulierung des Finanzsystems, sowie eine Stärkung der internationalen Kooperation in der Finanzaufsicht. Es wird darauf ankommen, die richtige Balance zwischen notwendiger Kontrolle und Freiheit der Märkte zu finden. Auch hierfür sind grundlegende ordnungspolitische Erwägungen hilfreich.

Der neue Ordnungsrahmen für den Finanzmarkt sollte sich auf das Festlegen grundsätzlicher Regeln konzentrieren und nicht in langen Listen von

Einzelmaßnahmen münden, die zwangsläufig unvollständig und damit ineffektiv und verzerrend wären.

Die Neuausrichtung der globalen Finanzmarktarchitektur muss sich an den grundlegenden Prinzipien der Ordnungspolitik orientieren. An allererster Stelle steht dabei die effektive und glaubwürdige Verankerung des Haftungsprinzips im Ordnungsrahmen der globalen Finanzmärkte, um spekulativen Exzessen vorzubeugen. Es muss allen Marktteilnehmern klar sein, dass sie die Konsequenzen der Risiken, die sie eingehen, selbst tragen müssen. Neue Regelungen dürfen dabei jedoch nicht zu unangemessenen Einschränkungen des Prinzips offener Märkte, des privaten Eigentums und der freien Wahl und Ausgestaltung finanzieller Verträge führen, da genau dies die Funktionsfähigkeit und Innovationskraft der globalen Finanzmärkte beeinträchtigen würden.

An diesen Prinzipien ausgerichtete Regelungen sollten in allen Ländern, auf allen Märkten und für alle Marktteilnehmer gelten. Dies ist erforderlich, um zu vermeiden, dass die Regelungen durch regulatorische Arbitrage unterlaufen werden und erneut regulatorische Lücken entstehen. Vor diesem Hintergrund ist es notwendig und begrüßenswert, dass die Reformen auf Grundlage der bereits erwähnten internationalen Initiativen vorangetrieben werden.

Lehren sind jedoch nicht nur in Bezug auf den strukturellen Rahmen des globalen Finanzsystems zu ziehen. Wie ich bereits erwähnt habe, wurden die den Turbulenzen vorausgegangenen Verschuldungsexzesse auch durch eine zu expansive Ausrichtung der globalen Geldpolitik angetrieben.

Die Zentralbanken in den Industrie- und Schwellenländern sollten folglich in Zukunft versuchen zu vermeiden, durch ihre Geldpolitik die Bildung globaler finanzieller Ungleichgewichte zu begünstigen. Dies kann dadurch erreicht werden, dass die nationalen Geldpolitiken effektiv an der Gewährleistung inländischer Preisstabilität auf mittlere Sicht ausgerichtet werden.

Die Tatsache, dass die Finanzkrise ihre Ursprünge in einer Zeit hat, die durch weltweit historisch niedrige Inflationsraten gekennzeichnet war, zeigt einmal mehr, dass ein alleiniger Fokus der Geldpolitik auf die kurzfristige Inflationsentwicklung zu kurz greift. Aus finanziellen Fehlentwicklungen resultierende längerfristige Risiken für die Preisstabilität können dann nämlich leicht übersehen werden. Die EZB trägt im Rahmen ihrer Zwei-Säulen-Strategie, bei der auf die Analyse monetärer und finanzieller Entwicklungen besonderes Gewicht gelegt wird, solchen Risiken automatisch angemessen Rechnung.

Tatsächlich hat sich unsere Zwei-Säulen-Strategie im Vorfeld der Krise als sehr nützlich erwiesen. Die monetäre Säule signalisierte bereits im Jahr 2005 auf Grund der starken Geldmengen- und Kreditausweitung deutliche Aufwärtsrisiken für die Preisstabilität. Gleichzeitig interpretierten wir die starke monetäre Expansion vor dem Hintergrund des empirisch nachgewiesenen engen Zusammenhanges zwischen der Entwicklung von Vermögenspreisen und Geldmengen- und Kreditaggregaten. Sie war ein klares Warnsignal für mögliche entstehende Ungleichgewichte auf den Märkten für Vermögenswerte - vor allem auf den Immobilienmärkten. Diese Signale aus der monetären Analyse waren ausschlaggebend für unsere Entscheidung, die Leitzinsen bereits ab Dezember 2005 sukzessive anzuheben – trotz anfangs noch gemischter Signale aus der wirtschaftlichen Analyse. Dieses frühzeitige Einschlagen eines restriktiven geldpolitischen Kurses könnte auch ein Grund dafür gewesen sein, dass die finanziellen Ungleichgewichte im Euroraum bei weitem nicht so stark ausgeprägt waren wie dies in anderen Ländern der Fall war.

Abschließende Bemerkungen

Die Finanzkrise stellt die marktwirtschaftliche Grundordnung nicht in Frage, wie von mancher Seite behauptet wird. Sie zeigt jedoch, dass das Prinzip unregulierter Finanzmärkte, in denen dem Staat lediglich die Rolle des Retters aus der Not zukommt, nicht tragfähig ist. Die von Franz Böhm und Walter Eucken entwickelten ordnungspolitischen Grundsätze werden bestätigt: Märkte brauchen effektive, kanalisierende Regeln, um stabil und effizient zu funktionieren. Wir Europäer sollten uns auf unsere eigenen wirtschaftspolitischen Grundsätze besinnen. Man braucht nicht in jedem Fall auf angelsächsische Wirtschaftswissenschaftler Bezug zu nehmen, wenn diese einen Ordnungsrahmen für die Weltwirtschaft fordern. Dazu wäre es aber auch nötig, der Ordnungsökonomik, der Ordnungspolitik an europäischen/deutschen Universitäten als eigenständige Disziplin der Volkswirtschaftslehre wieder ihren angemessenen Stellenwert einzuräumen.

Ordnungspolitische Prinzipien weisen auch den Weg zu einem effektiven und nachhaltigen Management der Krise.

Chef-Volkswirt der Europäischen Zentralbank, Jürgen Stark, (li.) im Gespräch mit Bodo Gemper im Leonhard-Gläser-Saal der Siegerlandhalle

Ein Wort zum Abschluß

Dieser Besuch von Herrn Professor Jürgen Stark gewinnt für uns in Siegen zusätzliche Bedeutung, wenn ich daran erinnere, dass es im Europa der 27, in dem 16 Länder den Euroraum bilden, wir heute in Siegen die große Freude und Ehre hatten, von Ihnen, verehrter Herr Professor Stark, den Zuschlag bekommen zu haben.

Aus Ihrer Ansprache habe ich so viel Sinnstiftung für das europäische Einigungswerk als Gegenstand akademischer Lehre und Forschung herausgespürt, dass ich Sie, ja wir Sie alle, auch als Civis Academicus honoris causa unserer Hochschule in bester Erinnerung behalten werden.

Ich würde mich sehr freuen, wenn Sie Ihren Kolleginnen und Kollegen in der EZB kurz berichteten, dass heute von Siegen urbi et orbi ein Signal ausgeht, dass von der erfolgreichen Währungspolitik der EZB auch mit der Stärkung des EURO die Kraft der Europäischen Union als Friedensunion befördert wird. Freiheit, Demokratie und Frieden sind nicht selbstverständlich, sie müssen nicht nur geschaffen, sondern auch gepflegt werden, um sie zu bewahren. *Stabilität im Wandel* ist die Devise.

Nochmals ganz herzlichen Dank, Herr Prof. Stark! Bleiben Sie uns bitte gewogen! Statt eines Schlusswortes zur Feier und zum Dank wieder Musik!

Es spielt, wie zu Beginn, wieder Frau Inken Eckhardt zur Harfe, die Musikstudentin für das Lehramt mit dem Hauptfach Harfe, außerdem Mathematik und Deutsch.

Ich verdanke diese Entdeckung ihrer Lehrerin, Frau Ulla von Randow. Herzlichen Dank dafür Frau von Randow! Frau Eckhardt spielte zu Beginn Stücke von Bernard Andres: „Muscade", sowie den ersten Satz der Sonate von Nadermann. Nun zum Abschluss eine Pastorale.

Von uns allen, ganz herzlichen Dank, Frau Eckhardt!

Bodo Gemper

Ein Nachwort

Der Präsident der Deutschen Bundesbank, Herr Professor Axel Weber, hat am 28. April dieses Jahres in seinem Vortrag auf der 66. Bankwirtschaftlichen Tagung der Volksbanken und Raiffeisenbanken in Berlin sehr ernste Worte gefunden, mit denen er die Lage beschreibt:

" ... Ich spreche bewusst von dem ‚dritten Jahr der Krise', da die Stabilität des Finanzsystems noch nicht gesichert ist. Dies führen aktuell die Entwicklung im Fall Griechenlands und die daran anknüpfenden Befürchtungen möglicher Ansteckungseffekte vor Augen." [1]

" ... Griechenland hat über viele Jahre grob und unverantwortlich gegen die europäischen Vereinbarungen und Vorgaben verstoßen. Die Haushalts- und Wirtschaftspolitik war den Stabilitätserfordernissen eines gemeinsamen Währungsraumes nicht angemessen, und das Land hat große Strukturprobleme. Dadurch ist in Verbindung mit der Finanz- und Wirtschaftskrise eine Lage entstanden, aus der sich Griechenland nicht mehr aus eigener Kraft befreien kann. Die Finanzierung am Kapitalmarkt ist akut gefährdet.

Finanzielle Hilfen für ein Land mit drohenden Zahlungsschwierigkeiten sind vor dem Hintergrund der institutionellen Rahmenbedingungen der Währungsunion, die die Grundlage für einen nachhaltig stabilen EURO und eine stabilitätsorientierte Geldpolitik bilden, grundsätzlich höchst problematisch." [2]

"In der Griechenland-Krise gibt es viele Verlierer. ... Den Griechen zuliebe weicht (die EZB) von einem ihrer Prinzipen ab, die einen stabilen EURO garantieren sollten. Sie hat ihren Mechanismus zur Geldschöpfung und Kreditvergabe an die Banken in einem wichtigen Punkt geändert ....

Die Folgen sind nicht absehbar. Sollte Griechenland seine Schulden nicht tilgen können, hält die EZB wertlose Wertpapiere. Ihre möglichen Verluste müssten von den nationalen Notenbanken und damit von den Steuerzahlern getragen werden .... Als besonders stabilitätsbewusst gelten im Euro-Rat die Deutschen Jürgen Stark und Axel Weber." [3]

Beiden werden bei ihrem Bemühen, für die Unabhängigkeit der Europäischen Zentralbank zu fechten, von den Planifikateuren französischer Provenienz die Hände gebunden: dem Chef des Internationalen Währungsfonds, Dominique Strauss-Kahn,

---

Zitiert aus Nr. 19 der Auszüge aus Presseartikeln der Deutschen Bundesbank, Eurosystem, Frankfurt am Main, vom 5. Mai 2010:

[1] Axel A. Weber: Geldpolitik für den deutschen Kreditmarkt, S. 3.
[2] Stellungnahme von Bundesbankpräsident Prof. Dr. Axel A. Weber, Pressenotiz der Deutschen Bundesbank, Frankfurt am Main, vom 5. Mai 2010, S. 7.
[3] Helga Einecke: In griechischen Sumpf gezogen, aus: Süddeutsche Zeitung, vom 5. Mai 2010, S. 12.

dem Präsidenten der Europäischen Zentralbank, Jean-Claude Trichet, und dem Präsidenten der Republik Frankreich, Nicolas Sarkozy.

Auf die Frage, „Wie viel Zeit bleibt uns für die Reformen?", antwortet der Chefvolkswirt der Europäischen Zentralbank, Jürgen Stark, der Wirtschaftswoche:

"Nicht viel, das Zeitfenster ist eng, und es ist einzigartig. Spätestens bis Ende dieses Jahres müssen konkrete entscheidungsreife Vorschläge auf dem Tisch liegen. Das ist die Chance für Europa, gestärkt aus der Krise zu gehen. Wir sollten sie nutzen."[4]

---

4 Offene Flanke". Interview mit Prof. Jürgen Stark, Chefvolkswirt der Europäischen Zentralbank. Von Elke Pickartz und Konrad Handschuh, Wirtschaftswoche, Düsseldorf, vom 31. Mai 2010. Zitiert aus Nr. 23 der Auszüge aus Presseartikeln der Deutschen Bundesbank, Eurosystem, Frankfurt am Main, vom 1. Juni 2010, S. 7.

Kapitel 3

Ursula Blanchebarbe

Nassau – Oranien / Nassau – Siegen: Auf Rubens Spuren durch Europa

Europäisches Gedankengut im 16. und 17. Jahrhundert

Die politische Geschichte Westeuropas in der ersten Hälfte des 16. Jahrhunderts wurde durch die Kriege zwischen Kaiser Karl V. (1500-1558) und König Franz I. von Frankreich (1494-1547) um die Vormachtstellung bestimmt.[1]

Ein Kanonenschuss in einer der zahlreichen Schlachten sollte entscheidenden Einfluss nicht nur auf das Schicksal des jungen Wilhelm von Nassau (1533-1584) haben, der die Regierung über eines der kleinsten feudalen Territorialstaaten des Heiligen Römischen Reiches Deutscher Nation übernehmen sollte.[2]

An der Spitze eines gut ausgerüsteten Heeres war der Kaiser im Juni 1544 in die Champagne eingefallen. Als einer seiner Generäle zog René von Chalon (1519-1544) Fürst von Oranien mit ihm, der selbst ohne männliche Nachkommen seinen Neffen Wilhelm aus dem entfernten Nassau-Dillenburg zu seinem Erben eingesetzt hatte. Bei einem Erkundungsgang zerschmetterte dem Fürsten von Oranien, der rechtlich jedem europäischen Monarchen gleichgestellt war, eine Kanonenkugel die Schulter. René starb unter furchtbaren Qualen und Wilhelm von Nassau, gerade 11 Jahre alt, konnte seine Erbschaft antreten, durch die er zu einem der begütertsten niederländischen Hochadeligen und zum Fürsten des im Südosten des heutigen Frankreich gelegenen Orange aufstieg. Das oranische Erbe erwies sich zwar als sehr unsicher, um so höher war jedoch die politische Bedeutung. Als Fürst von Oranien war Wilhelm keiner anderen Herrschaft unterworfen. Aus dieser Stellung leitete er später das Recht ab, Krieg gegen den spanischen König führen zu können. Von großer materieller Bedeutung war der niederländische Teil der Erbschaft. Oraniens Einkünfte betrugen etwa zwei Drittel der Einnahmen König Philipp II. (1527-1598, seit 1556 König) aus seinen niederländischen Domänen. Sein niederländischer Besitz machte Wilhelm von Oranien zum Lehnsmann des Herzogs von Brabant, des Grafen von Holland und des Herzogs von Luxemburg. Alle drei Titel führte Kaiser Karl V., der auch Landesherr der anderen niederländischen Territorien war. Um sein Erbe antreten zu können, musste der Teenager Wilhelm sein calvinistisches Elternhaus verlassen und zum Katholizismus konvertieren. Aus dem eher scheuen Grafensohn wurde in den folgenden Jahren ein stolzer Vertreter des niederländischen Hochadels mit einem festen Weltbild, nach dem die Einteilung

---

[1] Franz I., seit 1515 König, eroberte im Jahr seines Regierungsantrittes das Herzogtum Mailand. Er schloss ein Jahr später mit Papst Leo X. das für Frankreich vorteilhafte Konkordat ab. 1519 bewarb er sich vergeblich um die deutsche Kaiserkrone, die Karl V. erhielt, und kämpfte danach in vier Kriegen gegen die Habsburger.

[2] Die Literatur zu Wilhelm ist sehr umfangreich. Siehe auch Mörke, Olaf. Wilhelm von Oranien (1533-1584), Fürst und „Vater" der Republik, Stuttgart 2007.

in Herrscher und Beherrschte eine gottgewollte Ordnung darstellte. Der junge Fürst von Oranien besaß alle Voraussetzungen für eine glänzende politische Karriere. Da er großes diplomatisches Talent erkennen ließ, schien es als sicher, dass er zu höchsten Ämtern und Ehren aufsteigen würde. Doch es sollte anders kommen, und Oranien stand bald an der Spitze der Adelsopposition gegen Spanien.

Der gut aussehende, junge Prinz am Hof Kaiser Karls V. und seiner Schwester Maria von Ungarn (1505-1558), seit 1531 Generalstatthalterin der Niederlande, „höfisch" erzogen, war dem süßen Leben keineswegs abgeneigt. In seinem Palais in Breda gingen die Großen der Welt ein und aus, die kulinarischen Köstlichkeiten seiner Küche waren legendär, die Eleganz seines Hofstaates ohne Parallele.[3]

Wilhelm von Nassau-Oranien wurde Mitglied des Staatsrates (November 1555) und in den bedeutenden Orden vom Goldenen Vlies (März 1556) aufgenommen. Die Ehe mit der Niederländerin Anna von Egmont, Gräfin von Buren (1533-1558), vermehrte das Vermögen des Prinzen ansehnlich. Nach ihrem Tod ging er erneut auf Brautschau und wählte eine der reichsten Erbinnen Deutschlands, Anna von Sachsen (1544-1577).

Den gewieften katholischen Prinzen kümmerte wenig, dass diese ausgezeichnete Partie wenig attraktiv war. Auch der protestantische Glaube hinderte ihn nicht, im Gegenteil. Die eher naive Anna, Tochter des Großen Kurfürsten Moritz von Sachsen (1521-1553) und der Agnes von Hessen (1527-1555), war den Avancen des gewandten Kavaliers nicht gewachsen, sie verliebte sich in den strahlenden und welterfahrenen Playboy. Das Schicksal musste seinen Lauf nehmen. Anna war als Ehefrau und Mutter schon bald restlos überfordert. Aber Oranien hatte sein Ziel erreicht, wenn auch die Zerrüttung der politisch so geschickt eingefädelten Ehe nach kurzer Zeit offensichtlich war. Aus dem Lebemann Wilhelm wurde erst in den nächsten Jahren der Führer der gegen die Spanier opponierenden Stände, der 1567 den Weg ins Exil antreten musste. Die folgenden Ereignisse, schwankend zwischen Hoffnungen und Enttäuschungen, zerrissen zwischen politischen und finanziellen Entscheidungen sowie Abhängigkeit von der Familie in Dillenburg, machte aus dem Strahlemann von einst den dünnhäutigen, politisch engagierten Menschen Wilhelm genannt der Schweiger.

Der Hof des jungen Wilhelm in Breda besaß große Anziehungskraft auch für deutsche Adelige. Die Verbindungen zu seiner Familie rissen trotz langjähriger Trennung, erzwungener Konvertierung zum Katholizismus und der Erziehung und Bildung des Heranwachsenden in das soziale, politische und geistige Milieu des niederländischen Hochadels, nie ab. Es gibt genügend Hinweise auf den Funktionsmechanismus des Patronage- und Klientelwesens im Feudalismus, das für die Fraktionsbildungen und politischen Auseinandersetzungen innerhalb der herrschenden Feudalklasse erhebliche Bedeutung besaß.

Wilhelm von Nassau-Oranien pflegte den engen Kontakt zu seinen Eltern und Geschwistern. Das Verhältnis zum Vater, Wilhelm dem Reichen (1487-1559), war von Respekt vor dem Familienoberhaupt bestimmt, zu seiner Mutter Juliane von

---

[3] Vetter, Klaus. Am Hofe Wilhelms von Oranien, Leipzig 1990.

Stolberg (1506-1580) besaß er jedoch eine tiefe innere Bindung. Wilhelm bemühte sich als Statthalter um die Karrieren seiner jüngeren Brüder und versuchte, diese mit seinen eigenen Möglichkeiten und über seine zahlreichen Verbindungen zu protegieren. Die umfangreiche Korrespondenz zwischen den Geschwistern über ganz persönliche Dinge, Familienangelegenheiten und politische Affären belegt, dass man sich gegenseitig auf dem Laufenden hielt. Oranien, als das nominelle Familienoberhaupt und reichster und angesehenster Nassauer, trat immer wieder als Patron auf, förderte seine Verwandten wie Klienten, wofür diese ihm ihrerseits gute Dienste leisteten. Nach seiner Flucht aus den Niederlanden fand Wilhelm 1567 selbstverständlich Aufnahme bei seinem Bruder Johann VI. (1536-1606) in Dillenburg. Als regierender Graf von Nassau stellte ihm dieser seine Mittel bedingungslos für den Kampf zur Befreiung der Niederlande zur Verfügung, wobei man nicht vergessen sollte, dass dieser Befreiungskampf letztlich auch im Interesse der ganzen Familie um die reichen niederländischen Besitzungen geführt wurde.

Johann Moritz von Nassau-Siegen (1604-1679)

Die Devise des Grafen Johann Moritz von Nassau-Siegen (1604-1679) „Qua patet orbis – Soweit der Erdkreis reicht", beschreibt treffend den Lebensweg eines Abenteurers.[4] Die wichtigsten Stationen seiner wechselvollen Laufbahn waren Dillenburg (damals Grafschaft Nassau, heute Hessen), Siegen (damals Grafschaft Nassau, heute Nordrhein-Westfalen), Den Haag (damals Generalstaaten, heute Königreich der Niederlande), Recife (Brasilien), Kleve (damals Fürstentum Brandenburg, heute Nordrhein-Westfalen), Potsdam (damals Fürstentum Brandenburg, heute Land Brandenburg) und Sonnenburg (als Herrenmeister des Johanniterordens, damals Ballei Brandenburg, heute Slonsk in Polen).

Er war Soldat, Bauherr, Kunstmäzen und Kulturvermittler. Im Heer der Generalstaaten absolvierte er eine glänzende militärische Laufbahn und erreichte als Statthalter des brandenburgischen Kurfürsten Friedrich Wilhelm (1620-1688) im Herzogtum Kleve und Feldmarschall der Vereinigten Provinzen der Niederländischen Provinzen den Höhepunkt seiner Karriere. Johann Moritz war außerdem Landesherr in Siegen, in einem doppelten Dienstverhältnis im Heer der Generalstaaten wie als Statthalter. Er war am Hof in Den Haag ebenso zu Hause wie auf dem Schlachtfeld.

Ein Bindeglied zwischen Wilhelm I. und Johann Moritz war eine solide und umfassende Bildung, die die Nassauer trotz geringer finanzieller Ressourcen anstrebten. Für einen großen Teil der Adeligen wurde der Besuch von Universitäten spätestens seit der Mitte des 16. Jahrhunderts zu einem festen Bestandteil der Ausbildung. Der Bildungsweg lässt sich kurz skizzieren: Am Beginn stand der Unterricht im elterlichen Haus, teils durch die Eltern selbst, dann durch eigens angestellte Lehrer. Dem folgte, abhängig von den finanziellen Möglichkeiten, der Besuch einer fürstlichen oder städtischen Schule, wobei die konfessionelle Ausrichtung ein grundlegender Aspekt für die Auswahl darstellte. Alternativ zum Besuch einer Universität konnten junge Adelige auch als Hofpagen in den Dienst eines Fürsten treten, um so die für den Kavalier unerlässlichen Fertigkeiten zu

---

[4] Ausstellungskatalog Johann Moritz von Nassau-Siegen – Soweit der Erdkreis reicht, Kleve 1979; Ausstellungskatalog Johann Moritz – Der Brasilianer. Aufbruch in neue Welten, Siegen 2004.

erlernen. Eine Variante bot die militärische Laufbahn. Im Verlauf des 17. Jahrhunderts kamen so genannte Ritterakademien als Bildungseinrichtungen dazu. Sie boten ein speziell auf die Bedürfnisse der Adeligen zugeschnittenes Lehrangebot. Neben dem Erwerb von akademischen Kenntnissen wurden hier auch die Fähigkeiten in den adeligen Exerzitien wie Reiten, Fechten oder Tanzen vermittelt. Falls die materiellen Möglichkeiten ausreichten, schloss sich eine Kavalierstour an, die vornehmlich in die Länder West- und Südeuropas führte, - kein Problem, gehörten doch neben Latein Italienisch, Französisch und gelegentlich auch Spanisch zur sprachlichen Grundausbildung.

Auf Rubens Spuren durch Europa

Diese Sprachen erlernte auch der Hauptmeister des flämischen Barock, der in Siegen geborene Peter Paul Rubens (1577-1640), der seine Jugendjahre mit der Familie im Exil verbrachte. Die Familie Rubens war seit dem 14. Jahrhundert in der Hafenstadt Antwerpen ansässig, sie gehörte zum aufstrebenden begüterten Bürgertums. Mitte des 16. Jahrhunderts regierte der Sohn Kaiser Karl V., Philipp II. als König von Spanien und Souverän der niederländischen Provinzen über die reichen und deshalb selbstbewussten Niederländer. Jegliche Ketzerei sollte bestraft werden. Der kritische Jurist Jan Rubens (1530-1587), seit 1561 mit Maria Pypelincks (1538-1608) verheiratet, bekleidete das Amt eines Schöffen, eine Funktion, die nur angesehenen Persönlichkeiten mit hervorragendem Leumund und Mitgliedern bekannter Patrizierfamilien zugestanden wurde. Antwerpen, Sammelplatz von Anhängern neuer Lehren und Hochburg der niederländischen Opposition gegen den starren Monarchen im fernen Spanien, wurde zum Schauplatz von Bildersturm, Plünderung und Verwüstung. Die Rache Spaniens war unbarmherzig, eine Welle von Verhaftungen überrollte das Land. Auch Jan Rubens floh mit seiner Familie und ließ sich in Köln als Anwalt nieder. Bald besaß seine Kanzlei einen ausgezeichneten Ruf, so dass es nicht wundert, dass Anna von Sachsen, Prinzessin von Oranien, unglücklich verheiratet mit Wilhelm dem Schweiger, sich den Flamen als Rechtsberater wählte.

Im Florentiner Dom Santa Maria del Fiore fand am 5. Oktober 1600 eine mit großem Pomp gefeierte Hochzeit statt. Kardinal Pietro Aldobrandini (1571-1621), Legat von Papst Clemens VIII. (1536-1605, seit 1592 Papst), zelebrierte eine Vermählung „in procuratione". Maria de Medici (1573-1642) wurde in Abwesenheit des Bräutigams, des 47jährigen französischen Königs Heinrich IV. (1553-1610), verheiratet. Ein neugieriger Zaungast der Zeremonie war Peter Paul Rubens, der im Gefolge des Herzogs Vincenzo I. Gonzaga von Mantua (regierte 1587-1612) reiste, dessen Hofmaler er seit einigen Monaten war. Mehr als 20 Jahre später erreichte den erfolgreichen Maler, Diplomaten, Sammler und Antikenkenner ein Auftrag für die Ausstattung der Galerien im neu erbauten Palais du Luxembourg in Paris, Alterssitz der französischen Königinmutter.[5] Auftraggeberin war die Braut von damals, der Auftrag selbst ebenso interessant wie pikant: Es sollten Ereignisse und Taten aus dem Leben der Maria de Medici in überhöhter allegorischer Form dargestellt werden. Das Ergebnis waren 24 großformatige Gemälde, damit das wohl bedeutendste

---

[5] An der Heiden, Rüdiger. Die Skizzen zum Medici-Zyklus von Peter Paul Rubens in der Alten Pinakothek, Bayerische Staatsgemäldesammlungen, München 1984.

zyklische Werk des großen Flamen, dazu ein Prestigeobjekt, das in nur zwei Jahren bis zur politisch gewollten Vermählung der französischen Prinzessin Henrietta Maria (1609-1669) mit dem englischen Thronfolger Karl (1600-1649) fertiggestellt sein sollte. Rubens schwankte zwischen Bewunderung und Abneigung für die hochmütige, selbstsüchtige, der Macht erlegene Frau. Die eher ruhmlose Laufbahn der korrupten Italienerin erforderte eine blühende Phantasie, denn Maria sollte als Ikone der Tugend dargestellt werden und Peinlich-Unangenehmes ausgespart bleiben. Maria behielt immer das letzte Wort. Im März 1625 war es überstanden, Rubens übergab der Königin persönlich den fertigen Gemäldezyklus. Der Maler zog eine nicht nur negative Bilanz. Der Auftrag aus Frankreich bedeutete seinen Einstieg in die diplomatische Laufbahn, er lernte den einflussreichen George Villiers I., Herzog von Buckingham (1592-1628), kennen und schloss Freundschaft mit dem Gelehrten, Sammler, Antiquar und Mäzen Nicolas Claude Fabri de Peiresc (1580-1637), mit dem er über lange Jahre eine ausführliche Korrespondenz führte. Das Palais du Luxembourg wurde 1802 Senatsgebäude der Stadt Paris, der Medici-Zyklus wurde in den Louvre verbracht und ist seit 1993 wieder so zusammengefügt, wie er wohl zu Lebzeiten des Malers und der Auftraggeberin aufgehängt war. Evers charakterisiert die Gemälde in wenigen Worten. Sie „schildern nicht nur das politische und persönliche Leben einer französischen Königin, sondern die Galerie gehört als eines der bedeutendsten Werke dieser Art in die Reihe der Verherrlichungen eines Monarchen und war Teil der Palastbaukunst."[6]

Rubens musste ein Jahr nach der Fertigstellung des Propagandaauftrages einen Schicksalsschlag verkraften, als seine Frau Isabella Brant (1591-1626) starb. Auf Maria de Medici wartete eine einsame Odysee. Wenige Jahre nach Vollendung des Zyklus kam es zum endgültigen Bruch zwischen der Königinmutter und ihrem Sohn König Ludwig XIII. (1601-1643). Sie musste aus Frankreich fliehen. In England war sie ebenso persona non grata, Philipp IV. (1605-1665, seit 1621 König von Spanien) verweigerte ihr die Einreise nach Spanien. Maria de Medici verstarb 1642 in Köln, der Stadt, in der Rubens seine Kindheit verbracht hatte.

Maria de Medici war jedoch nicht der einzige Kontakt, den Rubens zu europäischen Königshäusern aufbaute. Er hatte zuvor acht Jahre in Mantua, Genua und Rom gelebt, stand als Hofmaler im Dienst des Erzherzogenpaares Albrecht VII. (1559-1621) und Isabella (1566-1633) in Brüssel. Nicht nur Maria de Medici, auch Philipp IV. von Spanien, Karl I. von England, sowie holländische wie deutsche Fürsten gaben bei ihm Werke in Auftrag. Rubens bewältigte die Ausschmückung der Statenkamer in Antwerpen und 1636 wurden neun Deckengemälde im Banqueting House des Whitehall Palastes installiert.[7] Auftraggeber war Karl I., der in ihnen die Regierung seines Vorgängers und Vaters Jakob I. (1566-1625) verherrlichen ließ. Rubens schätzte sich glücklich, denn seit 1623 hatte er sich um eine Auftragserteilung bemüht, um damit parallel mehreren Königshäusern zu dienen, eine zuvor nie da gewesene Situation. Verzögerungen entstanden durch die politische Situation, den Ausbruch des 30jährigen Krieges. Aber nach vielen Hochs

---

[6] Evers, Hans Gerhard. Peter Paul Rubens, 1942.
[7] Donovan, Fiona. Rubens, England, and the Whitehall Ceiling, Columbia University, Dissertation 1995; Gregory, Martin. The ceiling decoration of the Banqueting Hall Vol. I + II, Corpus Rubenianum Ludwig Burchard XV, London 2005.

und Tiefs erreichte der Flame sein Ziel, wurde von Karl I. zum Ritter geschlagen und erhielt aus der Hand des Monarchen ein Juwelenbesetztes Schwert. Zu diesem Zeitpunkt war der englische Freund Buckingham bereits acht Jahre tot. Er, der nach der Thronbesteigung Karls die englische Politik bestimmt hatte, hatte durch Fehleinschätzungen folgenschwere Niederlagen verursacht und war 1628 erdolcht worden. Im Bildprogramm des Banqueting House, des einzigen heute noch bestehenden Gebäudes des Whitehall Palace, verherrlicht Rubens den Glauben des englischen Königs Karl I. an ein Königtum von Gottesgnaden.[8] Umgeben von Goldrahmen stellen die teilweise schwer deutbaren Allegorien Güte, Größe, Weisheit und Siege der Stuart-Dynastie sowie die Vereinigung von Schottland und England dar. Karl ließ nach der Installation der Bilder, für die Rubens mit einer stattlichen Summe entlohnt wurde, die beliebten Maskenspiele verbieten, da er eine Beschädigung durch den Rauch der unzähligen Lüster vermeiden wollte. Was Karl nicht erahnen konnte, war, dass Whitehall 1649 der Ort seiner Enthauptung werden sollte.

Rubens war nicht nur ein einflussreicher Künstler, sondern er galt auch als ein angesehenes Mitglied der Gesellschaft und hatte aktiven Anteil am zeitgenössischen Tagesgeschehen. Der Diplomat, Politiker und Günstling leitete mit seiner Werkstatt ein regelrechtes Unternehmen, war Maler, Kaufmann und selbst ein anspruchsvoller Sammler. Auch kleinere Höfe, wie der des Wolfgang Wilhelm von Pfalz-Neuburg (1578-1653), der des Maximilian Emmanuel I., Kurfürst von Bayern (regierte 1598-1651), oder des Ladislaus Sigismund von Polen (1595-1648) machten bei Rubens Bestellungen. Eine Vielzahl der fürstlichen Aufträge verdankte der Maler Albert VII. und der spanischen Infantin Isabella Clara Eugenia. Dies gilt mit Sicherheit für die spanischen Bestellungen, da die spanischen Niederlande ein Satellitenstaat Spaniens waren. Rubens diplomatische Kontakte brachten ihn darüber hinaus in Kontakt mit hochrangigen Höflingen und ausländischen Fürsten, was nicht selten weitere Aufträge nach sich zog.

Großen Einfluss auf die Karriere des Flamen hatte das überlebensgroße Reiterbildnis des Herzogs von Lerma (1553-1625), das Rubens im Spätsommer und Herbst 1603 in Spanien anfertigte.[9] Um die Zuneigung des spanischen Königs für sich zu gewinnen, hatte der Herzog von Mantua seinen jungen Hofmaler nach Valladolid gesandt. Rubens erkannte schnell, dass der erste Minister im Grunde Spaniens Herrscher war und so zeigte ihn der Maler als Obersten Befehlshaber der spanischen Kriegsmacht, stramm aufgerichtet auf einem feurigen Schimmel, den Feldherrenstab in der rechten Hand. Lerma, eigentlich Francisco Gómez de Sandoval y Royas, gehörte zu den mächtigsten Favoriten Europas. Sein Einfluss auf Philipp III. war so prägend, dass man den König und dessen Handeln kaum mehr erkennen konnte. Er begleitete den Monarchen auf Schritt und Tritt. Ab 1612 traten allerdings deutliche Spannungen zwischen dem König und seinem válido zu Tage, so dass der Günstling-Minister 1618 entlassen wurde. Lerma, der mit den Mitteln des Klientelismus und auf der Basis der Verwandtschaftsbeziehungen herrschte, stand

---

[8] Banqueting House ist der einzige monumentale Bilderzyklus von Rubens, der noch an seinem ursprünglichen Standort bewundert werden kann.

[9] Vignau-Wilberg, Thea. P.P. Rubens – Studie zum Reiterbildnis des Herzogs von Lerma, München, Staatliche Graphische Sammlung 1999.

am Anfang der einzigartigen Karriere, die Ausstattung des Jagdschlosses Torre de la Parada nahe Madrid, an ihrem Ende.[10] Rubens fertigte die 112 Bilder unter Beteiligung der Werkstatt; er berief Jacob Jordaens, Erasmus Quellin, Cornelis de Vos u.a. zur Anfertigung der Gemälde, was aber zur Folge hatte, dass die Serie einen eher uneinheitlichen Charakter bekam.

---

[10] Alpers, Svetlana. The decoration of the Torre de la Parada, Corpus Rubenianum Ludwig Burchard IX, Brüssel 1971.

„...Was macht er da?"

Frank Hartmann

Metamorphosen der Frau Europa

Es gibt sie noch, die von einem Altmeister der Organisation geisteswissenschaftlich geübte klassische Methode, ein gesellschaftlich relevantes Thema zum Gegenstand enzyklopädischer, wissenschaftlicher Betrachtung zu machen. Das von Professor Gemper veranstaltete Franz-Böhm-Kolleg wird diesem Anspruch erneut gerecht. Europa, eine Schicksalsfrage der auf diesem Kontinent lebenden Nationen, ist eine Herausforderung an das althergebrachte Lehrgebäude, wie es an den meisten Akademien des zwanzigsten Jahrhunderts hierzulande gepflegt wurde. Für die Wirtschaftswissenschaft machen die hochkarätigen Beiträge eine enge Verbindung zwischen Spezialdisziplinen und Grundlagenfächern wie Philosophie, Geschichte und Recht deutlich. Es geht den Autoren um Grundsätze, um die europäische Verfassung, die Finanzpolitik und weitere Prinzipien, welche das Leben auf diesem Kontinent auf lange Sicht bestimmen sollten.

Der anderwärts zu beobachtende Rückzug auf die Feststellung empirischer Tatsachen, der den Gang der Dinge letztendlich dem blinden Zufall überlässt, kommt hier nicht in Gang, sondern es werden über den Bericht zum jeweiligen Gegenstand hinausgehende politische Richtungsfragen gestellt und auch beantwortet.

Die Gelassenheit allerdings, mit der die aktuelle Tagespolitik in den einzelnen Staaten an die Lösung dieser Fragen geht, beruht nicht in jedem Fall auf dem Selbstbewusstsein einer großen Tradition im vorgenannten Sinne. Dagegen erfährt die Mühe, welche es kostet, den Dingen auf den Grund zu gehen, eine Entschädigung dadurch, dass der wissenschaftliche Befund nicht nur die Einsichten vermittelt, sondern zugleich ein Gefühl der Freude aufkommen lässt. Dieses stellt sich immer dann ein, wenn es gelingt, einen Sachverhalt möglichst vollständig zu erfassen, sein Wesen herauszuarbeiten und seine einzigartige Charakteristik zu begreifen. Zu diesem Zweck ist es nicht nur legitim, sondern auch weiterführend, wenn der Veranstalter des Franz-Böhm-Kollegs immer wieder auch künstlerische Aspekte in diese Art der Betrachtung einfließen lässt.

Auf diese Weise wird der Satz des Aristoteles widerlegt, Kunst sei bloße Nachahmung. Der schöpferische, intuitive Gehalt in den Beiträgen zu diesem Band, möge er auch noch so abstrakt in unbestimmter Allgemeinheit und in Andeutungen vorliegen, stellt einen übergreifenden Aspekt dar. So findet eine Vermenschlichung von sinnlich Erlebtem durch schöpferische Persönlichkeiten statt. Die verbindenden ethischen Grundwerte in den einzelnen Beiträgen kommen vor diesem Hindergrund zu ihrem Recht. Da alle Kunst auch Symbolik ist, möchte ich im Folgenden dieser Zeichensprache ein Stück weit nachspüren.

Die Figur der Europa ist solch ein Symbol. In der Öffentlichkeit nimmt man sie allerdings häufig ohne konkretes Gesicht, gewissermaßen als Rückenansicht wahr. Folgt man ihrem Weg durch die jüngere Geschichte, etwa im vergangenen zwanzigsten Jahrhundert, so ist ihr temperamentvoller Gang mit überraschenden Wendungen unverkennbar. Dabei nimmt sie wenig Rücksicht auf überkommene Wertvorstellungen. Was ihr im Wege steht, kann zuweilen umgestürzt werden, so dass der nacheilende Betrachter Mühe hat, ihr zu folgen und ein konkretes Ziel ihres Weges zu erkennen.

Gelingt es dann doch, einen Moment innezuhalten, um das Gesicht der Europa zu sehen, so erkennt man, das hier nicht mehr die Jugend unterwegs ist, sondern zweitausend Jahre Weltgeschichte ihre tiefen, leidenschaftlichen Spuren hinterlassen haben. Abgeklärt verweigert sich Europa konsequent den gängigen politischen Ideologien. Im Hinblick auf Religions- und Wertefragen bleibt sie vage. Am Ende gibt bei ihren Entscheidungen oft nüchternes Wirtschaftsdenken den Ausschlag.

Gerade dieser tief gehende Skeptizismus lässt ahnen, wie stark die römisch-antike Kinderstube Frau Europa geprägt hat. Das gilt im besonderen Maße für ihre deutsche Mitgift in Gestalt des Heiligen Römischen Reiches deutscher Nation, in dem das westeuropäische Kaisertum ein ca. 1000 Jahre dauerndes Nachspiel feierte.

Bis heute hat dieses Erbteil in Gestalt des Föderalismus eine reichhaltige und sehr vielgestaltige politische Metamorphose durchlaufen.

Nichts liegt ferner, als diese politische Metamorphose im Lichte einer Idylle zu sehen. Angesichts des fast einhundert Jahre dauernden deutschen Einigungsprozesses im 19. Jahrhundert wird das Schmerzhafte und Grausame jeder Wandlung sichtbar. Auch damals gab es die so genannten „ruhigen Zeiten", in denen sich politischer Zündstoff anreicherte, der zu den bekannten eruptiven Ausbrüchen führte. Heinrich von Treitschke widmete diesen „stillen Jahren" ein ganzes Kapitel in seinem lange Zeit meinungsbildenden Buch „Deutsche Geschichte im 19. Jahrhundert"[1]. Der Wiener Kongress bewirkte diese Stille durch die Karlsbader Beschlüsse, an deren Ende die so genannten Demagogenverfolgungen standen. So brachte die damalige politische Klasse selbst die Sprengladung an, mit der das eben errichtete Gebäude durch die Revolution von 1848 und weitere Versuche ähnlicher Art erschüttert wurde.

Die allgemeine Übereinkunft, zur Sprachregelung unangenehmer Sachverhalte eine Ausdrucksweise der political correctness zu benutzen, lässt Spannungen im gesellschaftlichen Leben spürbar werden, deren unkontrollierte Entladung die politische Idylle auch im gegenwärtigen europäischen Politikbetrieb empfindlich stören könnte.

Die sprachliche Zurückhaltung von Frau Europa in politisch brisanten Fragen erinnert an ein antikes Jugenderlebnis, in der sie der Dichter Publius Ovidus Naso[2] ähnlich schweigsam und zaghaft beschreibt:

---

[1] Heinrich von Treitschke: Deutsche Geschichte des 19. Jahrhunderts, Essen 1997.
[2] Ovid wird heute aufgrund seines durchgängigen Einflusses auf die europäische Gedankenwelt von der Antike bis zur Gegenwart (Erasmus von Rotterdam, J. W. von Goethe, G. E. Lessing, Paoblo Picasso) als einer der frühsten Europäer gesehen. Seine Liebes- und Lebenskunst ist in Europa getreu seinem dichterischen Motto „Vivam – Ich werde leben" bis heute wirksam geblieben.

„… Schon wagt die erhabene Jungfrau,
Wenn sie besteig', unkundig, dem Stier auf dem Rücken zu sitzen.
Siehe der Gott schleicht leise vom Land und trockenen Ufer,
Erst den täuschenden Tritt in der vordersten Welle benetzend;
Weiter sodann und weiter, und ganz in der Mitte der Meerflut,
trägt er den Raub. Sie zagt; und zurück zum verlassenen Ufer
schauet sie, rechts ein Horn in der Hand, und die Linke dem Rücken
Aufgelehnt; und es flattern, gewölbt vom Winde, die Kleider."[3]

Die Skepsis von Frau Europa gegenüber modernen ideologischen Denkklischees ist durchaus nachvollziehbar. Sie führt in ihrem Garderobenschrank neben dem blutgetränkten Kaisermantel des römischen Imperators und den leichtfertigen Gewändern der „schönen Imperia", die Honore de Balzac in seinen „Tolldreisten Geschichten"[4] beschreibt und den sonderbaren Soldatenuniformen des zwanzigsten Jahrhunderts, überwiegend biedere, bürgerliche Gewänder.

In dieser Bürgerlichkeit hat sie in ungewöhnlicher Deutlichkeit und Klarheit ihren Wahlspruch „Freiheit, Gleichheit, Brüderlichkeit" als globales politisches Programm ausgesprochen und sich so in der Völkergemeinschaft einen wohlklingenden Namen gemacht.

Frau Europa ist in ihrer Ausdrucksweise und dem zugrunde liegenden Menschenbild zuweilen von alttestamentarischer Klarheit und Wahrheit, wie sie uns auch aus den biblischen Texten entgegentritt, das spätere europäische politische Ideal der Aufklärung vorwegnehmend. So wird König Salomo die folgende Sentenz zugeschrieben:

„Auch ich bin ein sterblicher Mensch wie alle anderen;
Nachkomme der ersten aus Erde gebildeten Menschen.
Im Schoß der Mutter wurde ich zu Fleisch geformt,
zu dem das Blut in zehn Monaten gerann durch den Samen des Mannes;
und die Lust die im Beischlaf hinzukam.

Geboren atmete auch ich die gemeinsame Luft,
ich fiel auf die Erde, die Gleiches von allen erduldet,
und Weinen war mein erster Laut wie bei allen.

In Windeln und mit Sorgen wurde ich aufgezogen;
kein König trat anders ins Dasein.

Alle haben den gleichen Eingang zum Leben;
gleich ist auch der Ausgang."[5]

(Buch der Weisheit, Kapitel 7.ff)

---

[3] Publius Ovidus Naso: Metamorphosen, übers. von Johann Heinrich Voß, Frankfurt am Main 1990, S. 64.
[4] Honore de Balzac: Tolldreiste Geschichten, Der schönen Imperia Ehezeit, Zürich 1989.
[5] Neue Jerusalemer Bibel, hrsg. von Alfons Deissler, Anton Vögtle, Johannes M. Nützel, Stuttgart 1980, S. 929.

Die sich ständig wandelnde Erscheinung der Frau Europa fasziniert ihre Zeitgenossen auch durch die Fähigkeit authentisch zu bleiben. Sie hat in der politischen Gegenwart ihren eigenen Stil wieder gefunden und damit ihre Fähigkeit unter Beweis gestellt, Erbstücke lebendig zu machen. Die Kultivierung des altgriechischen Geistes der Gemeinschaftlichkeit, der im perikleischen Zeitalter zur Entfaltung kam, steht ihr gut. Die Kunst der Staatsberedsamkeit erhob die Methoden der Rhetorik zum demokratischen, politischen Programm. In Rede und Gegenrede formten sich damals die Gedanken. In reger Lebendigkeit wurde dabei Falsches und Unrichtiges ausgeschieden. Das Wichtigste dabei war, dass sich Mensch und Mensch emotional berührten und zu einem gemeinsamen Erlebnis fanden, indem sie sich im redenden Denken gegenseitig aufschlossen. Dadurch ist Frau Europa glücklicherweise weit entfernt von unserer nationalen Vorliebe für geistige Askese und einsame dunkle grübelnde Tiefen. Das heutige europäische Parlament ist eine Bühne, in der die klassischen und gefälligen Formen der Staatsberedsamkeit wieder zu ihrem Recht kommen könnten.

Die Geschäftsgrundlage sind eine Kultur der Gedanken- und Meinungsfreiheit sowie der Respekt vor der Persönlichkeit, wie sie auch heutzutage ständig aufs Neue zu erstreiten ist.

Zum Abschluss meiner skizzenhaften Überlegungen zu den Metamorphosen der Frau Europa bleibt mir nur der Hinweis, dass die Themen der Beiträge im vorliegenden Band des Franz-Böhm-Kollegs als Bausteine einer europäischen Staatsberedsamkeit ihre Leser finden mögen.

Wirtschafts- und Sozialordnung – FRANZ-BÖHM-KOLLEG

Frau Inken Eckhardt bringt mit ihrem Spiel zur Harfe eine kulturelle Note in die Notenbankpolitik im Geiste der Frau Europa

Kapitel 4

Aus den Pressereaktionen

Schritt für Schritt
EU-Verfechter Verheugen verteidigt
die europäische Integration

Siegener Zeitung vom 24. Juni 2008, S. 3

Nach dem Nein der Iren zum EU-Reformvertrag und dem anschließenden erfolglosen EU-Gipfel streiten Europas Spitzenpolitiker über einen Ausweg aus Europas Krise. Heftig. Laut. Hart. Leise kam gestern dagegen Günter Verheugen daher. Mit einer betont nüchternen Analyse und selbstbewusster Argumentation zugleich versuchte der Vize-Präsident der EU-Kommission mit seinem Festvortrag beim elften Franz-Böhm-Kolleg die europäische Integration zu verteidigen.

Da stand er also. Mitten im Audimax der Universität Siegen. Ordnete kurz die Gedanken. Hatte nicht schon Prof. Bodo Gemper, Gastgeber und Organisator des renommierten Franz-Böhm-Kollegs, in seiner Einleitung das Wesentliche gesagt? Hatte der Siegener Wirtschaftswissenschaftler mit seinen Ausführungen zur EU als „Friedensunion", in der sich eine Kultur des Konfliktmanagements etabliert habe, die Kriege zwischen den Mitgliedsstaaten „strukturell unmöglich" mache nicht bereits den Kern getroffen? Die Maxime einer der geistigen Väter der sozialen Marktwirtschaft — Franz Böhm eben – zutreffend skizziert (Wirtschaft ist kein Selbstzweck, sondern hat eine dienende Funktion zugunsten des Menschen)?

Ja. Aber: Es gab noch viel zu sagen. Doch noch hallte es in der klimagekühlen Luft des Audimax nach. Die Ode an die Freude. Beethoven. 9. Sinfonie. Europas Hymne, gespielt vom Jugend-Sinfonie- Orchester der Fritz-Busch-Musikschule Siegen. Freude? Kaum. Günter Verheugen blickte unter sich. Ein Eingeständnis. Das negative Referendum der Iren ist ein Rückschritt auf dem Wege Europas hin zu mehr Integration seiner Mitglieder. „Ein Rückschlag!" Er traf die EU-Spitzenpolitiker wie

Günter Verheugen in die Magengrube, der Sozialdemokrat verzog sein Gesicht. Doch er wirft überzeugte EU-Verfechter wie Günter Verheugen nicht aus der Bahn: „Solche Rückschritte wird es immer wieder geben!" Europas Weg an die Spitze, so der Titel des Festvortrages des Vize-Präsidenten der EU-Kommission, sei voller Umwege, Irrwege, verschlungener Pfade.

Doch es gehe mit der Integration der derzeit 27 EU-Mitgliedsstaaten letztlich immer in nur eine Richtung: vorwärts. Schritt für Schritt. Das Nein der Iren bremse zwar das Tempo, werde aber die Weiterentwicklung der EU nicht aufhalten. Oder gar abbrechen. „Sind Referenden eigentlich geeignet für Vertragsentscheidungen?", fragte Verheugen in die Runde. Schließlich dürfe man nicht vergessen: Beim Vertrag zu Lissabon, über den die Iren abgestimmt haben, geht es nicht um politische Ziele, sondern das Reformwerk ziele auf die Modernisierung der Verfahren und Institutionen der Europäischen Union. „Und die Modernisierung der Organisation ist überfällig", so Verheugen. Denn die europäische Organisation ist nicht mit der europäischen Integration mitgewachsen. Verheugen hob die Faust. Öffnete die Hand, zählte die vergangenen 15 Jahre und viele gute Gründe für die EU-Integration an fünf Fingern ab: die Vollendung des europäischen Binnenmarktes, die Wiedervereinigung mit Osteuropa, die Einführung einer gemeinsamen Währung, mehr Wohlstand, mehr Arbeit. „Das ist eine Erfolgsbilanz", rief der Kommissar für Unternehmen und Industrie in Erinnerung.

Und: Europa sei in der Tat in Anlehnung an Prof. Bodo Gempers These ein „Friedensprojekt". Ein erfolgreiches dazu, wie die „Umkehrprobe" zeige: Überall dort, wo der europäische Gedanke noch nicht gegriffen habe, gebe es Gewalt. Gar Krieg. Das spreche für sich. Nicht für sich spreche die Auffassung des Staatsbegriffes im Zusammenhang mit der Europäischen Union. Die Fragen „Wie viel Irland brauchen wir?" bzw. „Wie viel Demokratie braucht die EU?" lassen sich nicht mit nationalstaatlichem Denken beantworten. Verheugen: „Welche europäische Nation ist bereit, ihre Qualität als Staat zugunsten einer Superorganisation Europa aufzugeben? Keine!" Wer das Europa der Zukunft im Visier habe, werde kaum einen Schmelztiegel nach US-amerikanischem Vorbild noch das Bundesländer-System Deutschlands erkennen können. Oder wollen. Falsche Antworten auf falsche Fragen.

Die korrekten Fragen müssten lauten: „Wie können wir uns in der Welt von morgen behaupten? Wie über uns selbst bestimmen?" Mit Blick auf die Macht- und Wirtschaftszentren in Asien, Amerika und Russland berechtigte Fragen.

Doch Verheugen lieferte beim Franz-Böhm-Kolleg nur vage Antworten. Etwa die: „Die EU muss sich fit machen für den Wettbewerb", so der Industrie-Kommissar. „Das Schlüsselwort für die europäische Gesellschaft des 21. Jahrhunderts, die Menschen neue Lebenschancen bietet, heißt Wettbewerbsfähigkeit. Wir müssen uns dem globalen Wettbewerb stellen – um die Spitze, um die Innovationen, die besten Lösungen, die besten Technologien!" Das hat Kommissar Günter Verheugen vor zwei Jahren schon einmal gesagt – bei einer Debatte im europäischen Parlament. Doch das Nein von Irland hat diese Wettbewerbsfähigkeit nicht gerade gefördert. Nicht ein einziges Problem gelöst.

Man kommt Stabilisierung näher.
Vortrag von EZB-Ratsmitglied Prof. Dr. Jürgen Stark im Rahmen des Franz-Böhm-Kollegs

Siegener Zeitung vom 2. Mai 2009, S. 5

Als bereits vor über einem Jahr der Siegener Wirtschaftswissenschaftler Prof. Dr. Dr. Bodo Gemper für sein 12. Franz-Böhm-Kolleg das Mitglied des Direktoriums der Europäischen Zentralbank sowie des EZB-Rates, Prof. Dr. Jürgen Stark, für einen Vortrag in der Krönchenstadt gewinnen konnte, war die Finanz- und Wirtschaftskrise in ihrem heutigen Ausmaß noch lange nicht zu erkennen.

Und so war es daher auch nicht verwunderlich, dass am Mittwochabend der Gläsersaal der Siegerlandhalle den bisher größten Zuspruch an Interessierten aufnehmen durfte, seitdem Prof. Gemper diese Vortragsreihe ins Leben gerufen hat.

Prof. Stark nahm in seiner Rede kein Blatt vor den Mund. Bevor er jedoch auf die Krise einging, erinnerte er an die Vollendung der Europäischen Wirtschafts- und Währungsunion (EWWU) am 1. Januar 1999. Dies sei nicht nur ein Meilenstein der Währungsgeschichte, sondern auch ein Meilenstein des europäischen Integrationsprozesses. Mit der gemeinsamen Geldpolitik unter der Verantwortung der EZB und dem Euro als gemeinsamer Währung hätten die Mitgliedstaaten des Euroraums auf dem Gebiet der Geld- und Währungspolitik den höchsten denkbaren Integrationsgrad erreicht.

Der Euro habe sich als gemeinsame Währung von über 300 Millionen europäischen Bürgern in mittlerweile 16 Ländern fest etabliert und sei seit seiner Einführung eine der stabilsten Währungen der Welt.

Doch dann ging Stark auf die aktuellen Herausforderungen der EZB ein. Stark: Die Weltwirtschaft steckt in einer schweren Krise. Was als Finanzmarktturbulenzen im Sommer 2007 begann, hat sich seit dem Kollaps der renommierten USamerikanischen Investmentbank Lehman Brothers im September letzten Jahres zu einer weltweiten Finanz-, Wirtschafts- und Vertrauenskrise ausgewachsen."

Einige Beobachter zögen Parallelen zu der Großen Depression der 1930er Jahre und warnten, dass die aktuelle Krise in einer ähnlichen wirtschaftlichen und politischen Kernschmelze münden könnte. Er teile diese Befürchtungen nicht. Es werde gelingen, die Krise zu überwinden. Wie schnell dies geschehe, und welche längerfristigen Folgen die Krise nach sich ziehen werde, hänge seiner Meinung nach jedoch entscheidend davon ab, wie man die Krise bewältige. Immerhin gebe es Anzeichen dafür, dass sich die Geschwindigkeit der Talfahrt der Weltwirtschaft verlangsame und man einer Stabilisierung näher komme.

Im Zuge der Krise sei es zu einer vorher nicht für möglich gehaltenen Renaissance des Staates in der Wirtschaft gekommen. Prof. Stark: „Es scheint, als sei der Staat allgegenwärtig und allmächtig." Er garantiere Bankeinlagen, rette und verstaatliche Banken, schnüre dicke Konjunkturpakete. Marktwirtschaftliche Prinzipien würden dabei in den Hintergrund gedrängt, häufig gar als einer schnellen Lösung des Problems im Wege stehend empfunden.

Die Finanzkrise, so schwer sie auch sei, widerlege nicht die grundlegende Einsicht, dass die Marktwirtschaft die beste denkbare Wirtschaftsform sei. Preisstabilität sei die Grundvoraussetzung für ein funktionierendes Preissystem und damit auch die Basis für eine funktionierende Marktwirtschaft.

Die Exzesse im Vorfeld der Krise seien durch Verantwortungslosigkeit, Gier und Inkompetenz der global agierenden Finanzmarktakteure verursacht worden. Dieser Befund greife jedoch zu kurz. Die Fehlentwicklungen im Finanzsektor im Vorfeld der Krise seien durch Staatsversagen entscheidend begünstigt worden Es fehle der Rahmen, der die wettbewerbliche Ordnung der Wirtschaft sicherstellte.

Es scheine kein Problem zu geben, das nicht ohne den Staat gelöst werden könne. Regierungen agierten als Feuerwehr, die die ausbrechenden Brände überall in der Wirtschaft zu löschen versuche. Angesichts des Ausmaßes der Krise bestehe kein

Zweifel, dass Löschmaßnahmen notwendig gewesen seien. Dabei müsse jedoch beachtet werden, dass Löschwasser, sprich Steuergelder, nicht in unbegrenztem Umfang zur Verfügung stehe. Die Brandbekämpfung sollte sich daher auf den Brandherd konzentrieren, auch um zu vermeiden, dass der Wasserschaden am Ende größer sei als der mögliche Brandschaden.

Die Neuausrichtung der globalen Finanzmarktarchitektur müsse sich an den grundlegenden Prinzipien der Ordnungspolitik orientieren.

Die Finanzkrise, so das EZB-Ratsmitglied, stelle die marktwirtschaftliche Grundordnung nicht in Frage, wie von mancher Seite behauptet werde. Sie zeige jedoch, dass das Prinzip unregulierter Finanzmärkte, in denen dem Staat lediglich die Rolle des Retters aus der Not zukomme, nicht tragfähig sei. Die von Franz Böhm und Walter Eucken entwickelten ordnungspolitischen Grundsätze und Prinzipien würden bestätigt: Märkte brauchen effektive, kanalisierende Regeln, um stabil und effizient zu funktionieren. Stark: „Wir Europäer sollten uns auf unsere eigenen wirtschaftspolitischen Grundsätze besinnen. Man braucht nicht in jedem Fall auf angelsächsische Wirtschaftswissenschaftler Bezug zu nehmen, wenn diese einen Ordnungsrahmen für die Weltwirtschaft fordern."

Vor seinem Vortrag schrieb sich Prof. Dr. Jürgen Stark im Beisein von Siegens Bürgermeister Steffen Mues in das Goldene Buch der Stadt Siegen ein.

Der EURO, ein Stabilitätssymbol.
Chefvolkswirt der EZB Professor Jürgen Stark referierte beim Franz-Böhm-Kolleg

Querschnitt. Zeitung der Universität Siegen, Nr. 4, Juli 2009, S. 2

Auf dem 12. Franz-Böhm-Kolleg lotete Prof. Dr. Jürgen Stark, Mitglied des Direktoriums der Europäischen Zentralbank, Ende April im Leonhard Gläser-Saal der Siegerlandhalle die Lage aus, wie Banken- und Finanzmarktkrise durch die Kräfte des Marktes und die Hilfestellung des Staates verantwortungsbewusst zu bewältigen seien.

"Immerhin gibt es Anzeichen dafür, dass sich die Geschwindigkeit der Talfahrt der Weltwirtschaft verlangsamt". Mit diesen Worten stimmte der Chefvolkswirt der Europäischen Zentralbank, Prof. Jürgen Stark, nach dem Grußwort des Kanzlers der Universität, Dr. Johann Peter Schäfer, die rd. 360 Zuhörer aus der Hochschule und der Bürgerschaft ein, als er in seinem Festvortrag anlässlich des Bestehens der gemeinsamen Europäischen Währung seit zehn Jahren erklärte: "Die Finanzkrise stellt die marktwirtschaftliche Grundordnung nicht in Frage,(...) sie zeigt jedoch, dass das Prinzip unregulierter Finanzmärkte, in denen dem Staat lediglich die Rolle des Retters aus der Not zukommt, nicht tragfähig ist." Hier fänden "die von Franz Böhm und Walter Eucken entwickelten ordnungspolitischen Grundsätze" wegweisende Bestätigung: „Märkte brauchen effektive, kanalisierte Regeln, um stabil und effizient zu funktionieren." Der Redner betonte: „Man braucht nicht in jedem Fall auf angelsächsische Wirtschaftswissenschaftler Bezug zu nehmen, wenn diese einen Ordnungsrahmen für die Weltwirtschaft fordern. Dazu wäre es aber nötig, der Ordnungsökonomik, der Ordnungspolitik an europäischen/deutschen Universitäten als eigenständige Disziplin der Volkswirtschaftslehre wieder ihren angemessenen Stellenwert einzuräumen, (wiesen doch) ordnungspolitische Prinzipien auch den Weg zu einem effektiven und nachhaltigen Management aus der Krise." Diese Erkenntnis schloss nahtlos an die Ansprache des Vizepräsidenten der Europäischen Kommission, Industriekommissar Günther Verheugen, auf dem 11. Franz-Böhm-Kolleg an, der im AudiMax im Juni 2008 diese Krise kommentiert hatte, gerade, als die Iren nur wenige Tage zuvor mit ihrem ablehnenden Votum zum Verfassungsvertrag von Lissabon die Europäische Gemeinschaft selbst in Bedrängnis gebracht hatten.

Verfolgen mit gespannter Aufmerksamkeit das Grußwort des Kanzlers Dr. *Johann Peter Schäfer*: Prof. Dr. *Jürgen Stark*, Mitglied des Direktoriums der Europäischen Zentralbank, Prof. Dr. Dr. *Bodo Gemper*, Franz-Böhm-Kolleg, Rechtsanwalt *Steffen Mues*, Bürgermeister der Stadt Siegen, Prof. Dr. Dr. h. c. mult. *Artur Woll*, Gründungsrektor der Universität Siegen (v. li.)

In seinem Vorwort hatte Prof. Bodo Gemper auch Herrn Dr. Egon Schoneweg aus Brüssel begrüßt, der von 1990 bis 1997 als Hauptverwaltungsrat der Generaldirektion XVI der Kommission der EU ehrenamtlich regelmäßig Vorlesungen und Vorträge an unserer Hochschule gehalten hat. Und er erinnerte an die Bedeutung Walter Euckens, des Nestors der Freiburger Schule des Ordo-Liberalismus als Leitbild für die Politik der Sozialen Marktwirtschaft Ludwig Erhards sowie für die Stabilität der DM, wobei er auf den nachhaltigen Einfluss verwies, den die Jena-Weimarer Klassik, insbes. Friedrich Schiller als Humanist, auf das Denken Euckens ausgeübt hat.

In seinem Dank an den Gastredner hob Gemper hervor, dass aus der Vielzahl der Einladungen, die Prof. Stark aus den 16 EURO Ländern ereichen, dieser bei seinem Besuch der Stadt Siegen mit seinem Eintrag in deren Goldenes Buch und dem Vortrag auf dem Franz-Böhm-Kolleg der Universität Siegen eine besondere Ehre erwiesen habe.

Mit sanftmütig stimmenden Harfenklängen hatte die Musikstudentin Inken Eckhardt die thematisch gespannte Atmosphäre dieses Franz-Böhm-Kollegs in der Siegerlandhalle festlich umrahmt.

Wirtschafts- und Sozialordnung:
FRANZ-BÖHM-KOLLEG - Vorträge und Essays

Herausgegeben von Prof. Dr. Dr. Bodo Gemper, Siegen

Band 1*
Bodo B. Gemper (Hrsg.) Reimut Jochimsen et al.:
Aktuelle Fragen der Geld- und Währungspolitik
Lohmar – Köln 1999 • 84 S. • DM 39,- • ab 01.01.02 € 20,- • ISBN 3-89012-665-0

Band 2*
Bodo B. Gemper (Hrsg.)
Was würde Ludwig Erhard heute tun?
Lohmar – Köln 1999 • 84 S. • DM 39,- • ab 01.01.02 € 20,- • ISBN 3-89012-666-9

Band 3*
Bodo B. Gemper (Hrsg.)
Hans Geisler et al.:
Die Verantwortung des Einzelnen für die Gesellschaft –
Die Verantwortung der Gesellschaft für den Einzelnen
Lohmar – Köln 1999 • 72 S. • DM 36,- • ab 01.01.02 € 19,- • ISBN 3-89012-711-8

Band 4*
Bodo B. Gemper (Hrsg.)
Paul Kirchhof et al.:
Wirtschaftsfreiheit und Steuerstaat
Lohmar – Köln 2001 • 92 S. • DM 44,- ab 01.01.02 € 23,- • ISBN 3-89012-870-X

Band 5*
Bodo B. Gemper (Hrsg.)
Helmut W. Jenkis et al.:
Gibt es einen Ideenzyklus? – Zum Wandel oder zur Zerstörung von Institutionen
Lohmar – Köln 2001 • 88 S. • DM 44,- ab 01.01.02 € 23,- • ISBN 3-89012-883-1

Band 6*
Bodo Gemper (Hrsg.)
Bernhard Vogel und Hans-Jürgen Papier et al.:
Verantwortung in Freiheit – Bildung, Recht und Wirtschaft in einer christlich-abendländisch geprägten Kultur
Lohmar – Köln 2008 • 70 S. • € 32,- (D) • ISBN 978-3-89936-651-8

Band 7
Bodo Gemper (Hrsg.)
Günter Verheugen und Jürgen Stark et al.:
Das Europäische Einigungswerk in der Bewährungskrise
Integrationserfolg durch Ordnungspolitik
Siegen 2010 • 102 S. • € 9,- (D) • ISBN 978-3-9813636-0-9

***

*JOSEF EUL VERLAG GmbH, Brandsberg 6, D-53797 Lohmar   info@eul-verlag.de